L'enseignement du Maître Omraam Mikhaël Aïvanhov étant strictement oral, cet ouvrage, consacré à un thème choisi, a été rédigé à partir de conférences improvisées.

I

LE SAGE
VIT DANS L'ESPÉRANCE

Le rire du sage

Éditions Prosveta S.A. – B.P.12 – 83601 Fréjus Cedex (France)
ISSN 0290-4187
ISBN 2-85566-922-7

Omraam Mikhaël Aïvanhov

Le rire du sage

Collection Izvor
N° 243

ÉDITIONS PROSVETA

Du même auteur:

Collection Izvor

200 – Hommage au Maître Peter Deunov
201 – Vers une civilisation solaire
202 – L'homme à la conquête de sa destinée
203 – Une éducation qui commence avant la naissance
204 – Le yoga de la nutrition
205 – La force sexuelle ou le Dragon ailé
206 – Une philosophie de l'Universel
207 – Qu'est-ce qu'un Maître spirituel ?
208 – L'égrégore de la Colombe ou le règne de la paix
209 – Noël et Pâques dans la tradition initiatique
210 – L'arbre de la connaissance du bien et du mal
211 – La liberté, victoire de l'esprit
212 – La lumière, esprit vivant
213 – Nature humaine et nature divine
214 – La galvanoplastie spirituelle et l'avenir de l'humanité
215 – Le véritable enseignement du Christ
216 – Les secrets du livre de la nature
217 – Nouvelle lumière sur les Évangiles
218 – Le langage des figures géométriques
219 – Centres et corps subtils – *Aura, plexus solaire, centre hara...*
220 – Le zodiaque, clé de l'homme et de l'univers
221 – Le travail alchimique ou la quête de la perfection
222 – La vie psychique : éléments et structures
223 – Création artistique et création spirituelle
224 – Puissances de la pensée
225 – Harmonie et santé
226 – Le Livre de la Magie divine
227 – Règles d'or pour la vie quotidienne
228 – Regards sur l'invisible
229 – La voie du silence
230 – Approche de la Cité céleste – *Commentaires de l'Apocalypse*
231 – Les semences du bonheur
232 – Les révélations du feu et de l'eau
233 – Un avenir pour la jeunesse
234 – La vérité, fruit de la sagesse et de l'amour
235 – « En esprit et en vérité »
236 – De l'homme à Dieu – *Séphiroth et hiérarchies angéliques*
237 – La Balance cosmique – *Le nombre 2*
238 – La foi qui transporte les montagnes
239 – L'amour plus grand que la foi
240 – Qu'est-ce qu'un fils de Dieu ?
241 – La pierre philosophale – *des Évangiles aux traités alchimiques*
242 – Aux sources inaltérables de la joie
243 – Le rire du sage

Au cours d'une journée nous rencontrons différentes personnes, et il est intéressant, amusant même parfois, d'observer comment elles se prononcent sur les événements ou l'existence en général. Alors que certaines ne font que s'appesantir sur ce qui va mal et qui, d'après elles, continuera à aller mal, ou même encore plus mal, d'autres ne remarquent et ne retiennent que ce qui est bon, encourageant, et elles continuent à avancer en s'exclamant: « Que la vie est belle ! » Des unes on dit qu'elles sont pessimistes, des autres qu'elles sont optimistes.

Pour le pessimiste, il n'y a dans l'année que des jours nuageux et pluvieux, à peine éclairés, il accepte de le reconnaître, par quelques rayons de soleil. Pour l'optimiste, au contraire, il n'y a que des journées ensoleillées entrecoupées de quelques pluies bénéfiques. On présente un projet au pessimiste ? Il voit immédiatement une montagne d'obstacles qui vont s'opposer à sa réalisation. L'optimiste, au contraire, accepte tout nouveau projet avec enthousiasme, saute par-dessus les objections qu'on lui présente et voit immédiatement le projet réalisé pour la plus grande satisfaction de tous. Le pessimiste se sent toujours guetté par la maladie : à la moindre indisposition, il pense à l'hôpital et même au cimetière ; il a évidemment fait son testament et il est prêt à convoquer ses amis pour leur dire un dernier adieu. L'optimiste se sent toujours bien portant et, s'il tombe malade, il est sûr d'être rapidement sur pied.

Et puisque le monde va mal, que les gens sont méchants et que tous les bons projets sont plus ou moins voués à l'échec, le pessimiste en conclut qu'il ne vaut pas tellement la peine d'agir ni de travailler pour les autres. Il se contente de régler ses propres affaires, abandonnant les humains à leur triste sort. Et quelle satisfaction pour lui de constater que les ennuis, les difficultés ou les malheurs qu'il avait prévus se produisent en effet ! Le pessimisme engendre donc l'égoïsme, la dureté même, mais aussi la paresse. Oui, dans sa conviction qu'il n'y a rien à faire pour améliorer la situation, le pessimiste devient paresseux, excepté lorsqu'il s'agit d'expliquer toutes les bonnes raisons qu'il a d'être pessimiste. Alors là, sa langue est d'une activité !

Et même, assez souvent, le pessimiste écrit. Combien de livres ont pour auteurs des gens qui avaient besoin de souligner que le monde est voué au mal, que l'existence est absurde, que rien ne vaut la peine de rien. Mais, mon Dieu, si le bien ne doit jamais triompher, si rien n'a de sens, si rien ne vaut la peine, pourquoi faire même l'effort de parler et d'écrire ? Ce n'est pas logique. La logique serait de rester muet. Oui, quel besoin ont ces auteurs d'aller obscurcir de nuages noirs la tête et le cœur de tous ceux qui vont les lire ?

Évidemment, la médecine a constaté l'influence de l'état de l'organisme sur la disposition d'esprit des humains : les pessimistes ont souvent le foie ou l'estomac malade. Mais il ne faut pas confondre les causes et les conséquences. En réalité, ces troubles du foie et de l'estomac viennent de certaines habitudes mentales tout à fait pernicieuses que les personnes ont longtemps nourries dans cette existence, ou même déjà dans une existence antérieure, et maintenant ce mauvais fonctionnement de leur appareil digestif se reflète sur leur état d'esprit. Le psychique ne cesse d'influencer le physique, et réciproquement.[1]

Et quelle est l'origine du pessimisme chez les humains ? Certains prétendront que c'est leur lucidité. Pas du tout ! Ce sont leurs ambitions, leurs désirs démesurés qu'ils n'ont pas réussi à réaliser. Alors, déception après déception, ils ont fini par avoir sur le monde un regard désabusé. On voit souvent se manifester le pessimisme chez les vieilles nations. Elles se sont construites sur de grands projets qu'elles croyaient pouvoir facilement mener à bien. Certains succès leur avaient fait croire qu'elles allaient non seulement dominer les pays voisins, mais aussi étendre leur influence sur des contrées lointaines. Et voilà l'erreur ! On veut avaler le monde entier, mais il faudrait d'abord se demander si on sera capable de le digérer ; et même si on commence par remporter quelques succès, peu à peu arrivent les difficultés, les impasses, les défaites, les pertes. Alors, comment voir l'avenir sous un jour favorable ?…

Tandis que les jeunes nations qui n'ont pas encore fait ces expériences sont pleines d'espoir, elles croient qu'elles vont réussir là où les autres ont échoué. Évidemment, elles peuvent réussir, mais à condition de se conduire avec sagesse et modération, sinon, elles aussi finiront comme les autres dans les désillusions et le pessimisme. Car les nations sont comme les individus, elles sont régies par les mêmes lois. Ceux qui nourrissent des ambitions qui les dépassent courent à l'échec, et ces échecs finissent par colorer de teintes sombres toute leur vision du monde. Que ce soit les nations ou les individus, pour beaucoup l'existence peut se définir comme un passage de l'optimisme au pessimisme.

À celui qui est jeune, tous les espoirs semblent permis, de nombreuses portes sont là ouvertes, et si l'une se ferme il en reste encore d'autres. Mais peu à peu, l'une après l'autre, toutes les portes se sont fermées, et alors des visages que l'on avait vus souriants et confiants dans la vie finissent par devenir des masques : le regard s'assombrit, les traits s'affaissent, et au coin de la bouche se creusent des plis amers. Eh oui, la jeunesse fait des projets et la vieillesse fait le bilan. Un bilan qui n'est pas toujours fameux.

Le Maître Peter Deunov disait : « Si les humains tombent dans le pessimisme, c'est qu'ils ne savent pas quelle direction donner à leur mouvement. » De quelle sorte de direction s'agit-il ? Pour simplifier, on peut dire qu'il existe deux directions : vers le haut, le monde spirituel, et vers le bas, le monde matériel. Le monde matériel et le monde spirituel nous présentent leurs richesses ; dans les deux cas, elles ne sont pas faciles à acquérir, mais les difficultés ne sont pas vécues de la même manière selon que l'on recherche les unes ou les autres.

Celui qui se concentre sur les réalisations matérielles, les possessions, l'argent, le pouvoir et qui ne parvient pas à ses fins, ressent amèrement ses échecs, comme s'il avait tout perdu. Tandis que celui qui est habité par des besoins spirituels se sent toujours soutenu. Par ses aspirations à une vie supérieure, il n'a cessé de tisser des liens avec le monde divin, et ces liens produisent en lui des vibrations secrètes. Même s'il n'arrive pas à réaliser pleinement toutes ses aspirations, ces vibrations qu'il ressent dans son être profond le protègent en le tenant à l'abri du découragement.

Il n'y a qu'un seul cas où vous avez le droit d'être pessimiste, c'est quand vous projetez un acte malveillant. Là, il est bon d'envisager que vous risquez d'échouer, et tant mieux ! Échouer est la meilleure chose qui puisse alors vous arriver, cela vous évite des complications.[2] Mais quand il s'agit d'un bon projet, d'un projet généreux, même si vous rencontrez des difficultés pour le réaliser, vous devez être optimiste et garder la conviction que vous finirez par réussir.

Vous voyez, cette question de l'optimisme et du pessimisme va beaucoup plus loin qu'on ne le pense au premier abord. Seul celui qui recherche les biens spirituels peut être véritablement optimiste ; celui qui recherche les biens matériels, même s'il commence par être optimiste, devra un jour ou l'autre abandonner ses illusions, et il tombera dans le pessimisme. C'est pourquoi, je le répète, les pessimistes sont souvent de grands ambitieux déçus. Leurs ambitions étaient des fardeaux dont ils se surchargeaient, parce qu'ils ne connaissaient pas le vrai chemin à suivre, le chemin vers le haut. Et que faire devant les échecs quand on a déjà dépensé toutes ses énergies en pure perte ?

Optimisme et pessimisme ne doivent donc pas être uniquement considérés comme des questions de tempérament, ils sous-entendent une véritable philosophie. Le pessimiste se concentre sur les petites choses de la terre, tandis que l'optimiste ouvre son âme aux vastes étendues du ciel. Dans une École initiatique, on ne devrait jamais rencontrer de pessimistes. Alors, sachez-le, si vous êtes pessimiste, c'est qu'intérieurement vous n'avez pas encore pris la bonne orientation, vos pieds ne sont pas encore engagés sur le chemin de la science spirituelle, car dès le seuil de cette science, vous auriez dû discerner que le véritable avenir de l'être humain, c'est la lumière, la beauté, la joie, l'épanouissement de son âme. En chemin, bien sûr, vous rencontrerez des difficultés, vous vous heurterez à des obstacles, mais justement, pour les surmonter vous ne devez pas perdre le but de vue, mais vous réjouir par avance de ce bonheur qui vous attend.

Seule la conscience de notre prédestination divine nous permet de garder espoir. Sinon, évidemment, devant le spectacle du monde, chacun a toutes les bonnes raisons d'être pessimiste, désorienté, angoissé, accablé. Alors, que reste-t-il à faire ? Les uns consulteront des psychologues, des psychanalystes… D'autres iront interroger les astrologues, les médiums, les clairvoyants, comme cela se fait de plus en plus de nos jours, afin d'être rassurés. Cela prouve qu'ils n'ont pas compris où et comment ils doivent rechercher les véritables certitudes, les véritables raisons d'être confiants en l'avenir.

Je ne nie pas qu'il existe des personnes capables de déchiffrer l'avenir, mais elles sont rares.[3] Et même si elles vous renseignent sur les événements qui vont se produire, ce sera quand même à vous de trouver comment agir pour ne pas gâcher toutes vos chances et affronter les épreuves. Alors, au lieu d'aller interroger les uns et les autres sur votre avenir, il est plus raisonnable que vous vous occupiez de construire en vous-même quelque chose de solide qui vous permettra de faire servir à votre évolution tout ce qui vous arrive, les tristesses comme les joies, les échecs comme les succès.

Des clairvoyants et surtout des clairvoyantes, j'en ai tellement rencontré dans ma vie ! La première dont je me souvienne, je devais avoir neuf ans. Il y avait alors beaucoup de tziganes en Bulgarie, et les femmes disaient la bonne aventure. Un jour, dans la rue, je passais à côté de l'une d'elles qui m'arrêta. Elle me dit que j'avais beaucoup d'ennemis. Vous voyez ça, à neuf ans ! Étonné, je lui demandai : « Mais pourquoi ? Qu'est-ce que j'ai fait ? » Elle ajouta que j'avais aussi beaucoup d'amis. Ensuite, elle regarda ma main et déclara qu'elle voyait une fille, jolie, mais grosse, plantureuse, qui m'aimait. Là encore, étonné, je lui demandai : « Mais vraiment, si grosse que ça ? » Alors, elle me raconta que, le matin même, elle était tombée de son âne et que cela l'empêchait de bien voir. Puis, c'est elle qui me tendit sa main pour que je lui donne quelques sous.

Les Bulgares, eux, cherchent plutôt à lire l'avenir dans le marc de café. Je me souviens encore d'une femme à Varna que tous ses voisins invitaient à prendre le café pour qu'elle examine ensuite le fond de leur tasse. Faites comme elle et vous ne mourrez jamais de soif !

Et quand je suis arrivé à Paris, combien de clairvoyantes sont venues me voir ! Surtout pendant la guerre, alors que le monde entier se demandait quand et comment cette tragédie allait se terminer. Certaines me posaient des questions concernant l'exactitude de leurs prédictions. Et je leur répondais : « Si vous n'êtes pas sûres de ce que vous dites, comment pourrez-vous être sûres de ce que je vous dirai ? »

Maintenant, je laisse évidemment chacun faire comme il l'entend. Les voyants, les astrologues sont la plupart du temps assez habiles pour prédire surtout des succès, l'amour, la fortune, la santé, sinon plus personne n'irait les consulter ; et il va de soi qu'à un moment ou à un autre, quelque chose de bon finit par arriver, même si cela ne dure pas. Alors, ceux qui ont besoin d'avoir recours à leurs pratiques pour se sentir rassurés sur leur sort, qu'ils le fassent si ça leur fait du bien, mais moi je suis obligé de vous dire que la seule méthode efficace pour garder confiance, c'est d'avancer avec la conscience de cet avenir de lumière et de joie que Dieu a prévu pour ses enfants.

D'après une opinion généralement répandue, le pessimisme serait une forme de sagesse : quand on sait que le mal peut surgir à tout moment et de n'importe où, on est vigilant, on prend des précautions. Eh bien, non, cette vision tellement négative n'a rien de sage, et elle est même nocive pour le psychisme : se concentrer sur le mal, partout et tout le temps, a pour conséquence de ne pas le voir quand il se produit réellement et de paralyser les forces vives qui permettraient de réagir. Alors, où est la sagesse, là, où est la lucidité ?

La sagesse, la vraie sagesse, c'est bien autre chose, et que dit-elle ? Dans le livre des *Proverbes* elle se présente : *« Moi, la Sagesse, lorsque l'Éternel disposa les cieux, j'étais là… Lorsqu'il donna une limite à la mer… Lorsqu'il posa les fondements de la terre, j'étais à l'œuvre auprès de lui et je faisais tous les jours ses délices, jouant sans cesse en sa présence… »* Ainsi parle la Sagesse. Elle qui a sondé les desseins de Dieu parce qu'elle a participé avec Lui à la création du monde, elle voit l'avenir avec confiance dans des couleurs magnifiques, lumineuses. Et non seulement elle n'est pas triste, mais elle est même gaie, joyeuse, puisqu'elle joue auprès de Dieu.

Le sage sait que la prédestination de l'homme est de rejoindre un jour sa patrie céleste. Sur le chemin qui conduit à cette patrie, évidemment il rencontrera le mal sous toutes ses formes, il souffrira, il doutera des autres et de lui-même, il se découragera. Mais même dans les pires moments il ne sombrera pas, parce que dans son cœur, dans son âme reste inscrite cette vérité que Dieu l'a créé à son image, et que cette image de Dieu contient en puissance toutes les richesses, toutes les victoires.[4]

Le pessimisme n'est donc pas l'enfant de la sagesse, mais de la plus grande ignorance. Bien sûr, il n'est pas question de s'opposer au pessimisme en prétendant que tout va bien, ce serait ridicule : tout ne va pas bien, et même beaucoup de choses vont très mal. Mais l'optimisme est un point de vue philosophique fondé sur la connaissance de Dieu, de l'univers et de l'être humain. Donc, ce n'est pas le mot optimisme qu'il faudrait employer : étant donné l'usage qui en est fait dans la vie quotidienne, on le confond trop souvent avec une naïveté, une légèreté qui n'ont rien de philosophique. L'optimisme dont je vous parle est en réalité l'espérance, c'est-à-dire la certitude que l'avenir peut toujours être meilleur. Même si le présent n'est pas fameux, les puissances de la vie et du bien sont si fortes qu'elles peuvent toujours triompher du mal, du moment que l'être humain décide de s'associer à elles.

Quelqu'un dira : « Mais quelle espérance puis-je avoir ? Tout ce que j'entreprends échoue, mon avenir est bouché ! » Cela dépend évidemment de ce que vous appelez votre avenir. Si vous ne voyez cet avenir que dans la réussite matérielle, sociale, ou comme un roman d'amour digne des contes de fées, peut-être en effet que là, ça restera bouché. Mais votre avenir de fils de Dieu, de fille de Dieu, est grand ouvert devant vous. Les jours ne se ressemblent pas. Vous n'avez pas vu le soleil aujourd'hui ? Demain il brillera à nouveau. Rien n'est définitivement fermé pour ceux qui savent sur quoi fonder leur espérance.

La véritable sagesse n'a rien à voir avec une conception pessimiste de la vie ; la véritable sagesse est dans l'espérance. Dans sa *Première épître aux Corinthiens* saint Paul écrit : *« Nous prêchons la sagesse de Dieu, mystérieuse et cachée, que Dieu avant les siècles avait prédestinée pour notre gloire… Mais, comme il est écrit, ce sont des choses que l'œil n'a point vues, que l'oreille n'a point entendues, et qui ne sont point montées au cœur de l'homme, des choses que Dieu a préparées pour ceux qui L'aiment. »*

En réalité, il ne vous manque qu'une chose : la décision. Vous êtes encore divisé, vous acceptez en vous la bifurcation : en même temps que vous dites avoir choisi la vie spirituelle, vous continuez à vivre comme n'importe qui d'autre, soucieux de vous assurer la sécurité et les succès matériels. Car on ne sait jamais, dites-vous, ce que réserve l'avenir, et vos pensées et votre temps sont absorbés par ces préoccupations. Celui qui connaît son chemin et son but ne s'encombre pas de ces fardeaux, car il a toujours devant les yeux la richesse de son Père céleste, qui lui donnera tout ce dont il a besoin.

Vous direz : « Mais il faut quand même anticiper l'avenir et faire des réserves, s'assurer en prévision des mauvais jours. » Étant donné la manière dont on se prépare pour les mauvais jours, c'est sûr, ils viendront ! En réalité, nous avons déjà, dans une banque, des coffres où nous pouvons puiser. Cette banque, alimentée par Dieu Lui-même, est au-dedans de nous : dans notre volonté, dans notre cœur, notre intellect, notre âme et notre esprit. Je vous en prie, décidez-vous à exploiter au moins un de ces trésors qui vous ont été confiés.

Les vrais optimistes, on en trouve un certain nombre sur la terre : ce sont les jardiniers, les agriculteurs. Oui, ils enfouissent dans la terre des graines, des noyaux qui, à première vue, ne représentent pas grand-chose. Ils attendent, ils espèrent… et un jour, voilà des champs de blé, de maïs, des vergers entiers d'arbres fruitiers. Combien de fois j'ai attiré votre attention sur les correspondances qui existent entre l'agriculture et la vie spirituelle ! Grains, noyaux, tout ce qu'on sème ou ce qu'on plante finit par pousser et par donner des fruits.

Et il en est de même avec nos pensées, nos sentiments, nos désirs…

Le Maître Peter Deunov, en Bulgarie, nous demandait de ne pas jeter les noyaux des fruits que nous avions mangés, les noyaux de pêches, de prunes, d'abricots, mais de les planter. Et je vous conseillerai la même chose. Vous répondrez que vous n'avez pas de jardin pour cela. Mais plantez-les où vous pourrez, cela ne fait rien. L'essentiel, c'est que vous preniez conscience qu'un noyau est une créature qui a besoin de donner naissance au germe vivant qu'elle porte en elle ; elle souffre de garder emprisonné dans le bois ce germe qui va périr faute d'un terrain favorable, alors qu'il ne demande qu'à continuer à vivre.

Évidemment, tous les noyaux mis en terre ne donnent pas naissance à des arbres, mais le but principal de cet exercice est de vous rendre de plus en plus conscient que vous avez aussi d'autres noyaux à planter : des idées, des pensées, des sentiments. Lorsqu'ils produiront des fruits, non seulement vous serez dans l'abondance, mais vous pourrez nourrir des quantités de créatures. Efforcez-vous donc de cultiver cette conscience élargie qui est l'optimisme véritable, l'espérance.

Notes

1. Cf. *Harmonie et santé,* Coll. Izvor n° 225, chap. VIII : « Comment devenir infatigable ».
2. Cf. *L'amour plus grand que la foi,* Coll. Izvor n° 239, chap. III : « Le doute salutaire ».
3. Cf. *Regards sur l'invisible,* Coll. Izvor n° 228, chap. V : « Faut-il consulter des clairvoyants ? »
4. Cf. *Aux sources inaltérables de la joie,* Coll. Izvor n° 242, chap. I : « Dieu, origine et but de notre voyage ».

II

COMME UN BERGER VEILLE SUR SES BREBIS

Le voleur qui se faufile à travers une foule en cherchant ce qu'il pourrait bien dérober, est presque un clairvoyant. Comme s'il avait des antennes, il sent quelles sont les personnes vigilantes, éveillées, et celles qui dorment à moitié. Et quel est l'indice pour lui ? La lumière. Car il émane de l'homme éveillé une sorte de clarté, et ce n'est donc pas à lui que le voleur va s'en prendre. Il recherche celui qui somnole les yeux ouverts, et il s'empare de son portefeuille ou de son sac sans que l'autre s'en aperçoive, parce qu'il est en fait plongé dans l'obscurité. De la même façon, les entités malfaisantes du monde invisible ne s'attaquent pas à celui chez qui elles sentent la lumière, car elles savent qu'elles seront tout de suite repérées et repoussées.

Jésus disait : *« Si le maître de la maison savait à quelle heure le voleur doit venir, il veillerait et ne laisserait pas percer sa maison. »* Ce verset nous parle d'une des plus grandes qualités que l'homme puisse acquérir : la vigilance. Puisqu'on ne sait pas à quelle heure le voleur viendra (et le voleur représente toutes les circonstances où nous sommes menacés intérieurement de perdre quelque chose de précieux), nous ne devons jamais relâcher notre attention. Ainsi, je vous dirai que ce n'est pas tellement l'intelligence ou la bonté ou le dévouement qu'un Maître spirituel considère chez celui qui veut devenir son disciple, mais la vigilance. Car s'il est vigilant, il évitera les dangers qui jalonneront sa route. Tandis que le manque de vigilance lui fera perdre au fur et à mesure ce qu'il vient difficilement de gagner.

Étymologiquement, le mot vigilance appartient à la même famille que les mots « veiller », « veille », « éveillé ». Être éveillé signifie ne pas dormir. Et qu'est-ce qui ne doit pas dormir en nous ? La conscience. Notre corps a besoin de sommeil et il ne faut pas l'en priver. Ne pas dormir est une chose, avoir la conscience éveillée en est une autre. On peut très bien ne pas dormir et avoir une conscience somnolente, de même qu'on peut dormir tout en gardant sa conscience éveillée.[1] Car la conscience est comme une lampe, et chez les êtres très évolués cette lampe ne s'éteint jamais.

Que ce soit physiquement ou psychiquement, la vigilance, l'attention sont indispensables. Vous manquez d'attention ? Vous allez faire un geste maladroit, vous heurter à un obstacle, tomber… Ni votre savoir, ni votre fortune, ni vos vertus ne vous préserveront. Combien de gens remarquables sont morts dans des accidents provoqués par leur manque d'attention, alors que des malfaiteurs, parce qu'ils sont vigilants, arrivent souvent à se tirer d'affaire. On peut même dire que le malfaiteur se caractérise par sa vigilance. Justement parce qu'il se sent en danger. Conscient d'avoir enfreint les lois, il sait qu'il peut être recherché et il reste constamment aux aguets de peur d'être aperçu ou de laisser des indices qui permettraient de mettre la main sur lui. Ne laissez pas la vigilance aux malfaiteurs, en vous imaginant que votre innocence vous attirera automatiquement la protection divine. Si vous êtes négligent, rien ni personne ne vous protégera.

Le Maître Peter Deunov disait un jour : « Pourquoi le loup existe-t-il ? Pour apprendre la vigilance au berger. S'il voit qu'il lui manque une brebis, le berger doit chercher par où le loup est entré. S'il trouve une brèche dans un mur, qu'il la bouche aussitôt. S'il ne trouve pas de brèche, qu'il se demande si le loup n'a pas pu sauter par-dessus la clôture. Le bon berger s'assure qu'il n'y a pas de brèche dans les murs de sa bergerie et que la clôture est suffisamment élevée pour préserver son troupeau de toute incursion des loups. »

Quoi qu'il arrive à l'être humain au cours de sa vie, la nature n'a en vue que son éducation. À chacun de nous une bergerie a été confiée, et nous devons veiller à ce qu'il n'y ait pas de trous dans les murs et construire une clôture assez haute. Vous pensez : « Des bergeries, des brebis, des loups… Est-ce que cela nous concerne vraiment ? » Oui, mais vous ne le savez pas, parce que vous n'avez pas encore assez approfondi le langage des symboles.

Le loup qui menace votre bergerie est un symbole du diable, cette entité qui représente tous les esprits ténébreux et malfaisants qui rôdent autour de l'homme, guettant la moindre défaillance pour se jeter sur lui. Se protéger du loup, cela signifie avoir une attention soutenue, la conscience toujours éveillée. Vous êtes tous des bergers : la bergerie, c'est votre organisme, les brebis vos cellules, et vous avez aussi des chiens de garde, les entités lumineuses qui vous protègent.

En réalité, la venue du loup n'est pas seulement due au manque de vigilance du berger que vous êtes : vous-même peut-être lui avez-vous ouvert la porte ou bien vous avez réduit vos clôtures, c'est-à-dire affaibli vos défenses. Vous dites que vous êtes vigilant ? Pourtant vous êtes visité par des pensées et des sentiments qui vous enlèvent votre courage, votre confiance, votre joie. Eh oui, parce que vous êtes vigilant à la manière de Nastradine Hodja.

Par un bel après-midi d'été, Nastradine Hodja, monté sur son âne, revenait de la ville où il était allé acheter quelques sacs de blé. Il faisait chaud et il se dit qu'une petite sieste lui ferait du bien. L'idée de s'étaler sur un bon tapis d'herbe lui plaisait tellement qu'il oublia certains bruits qui circulaient à propos de voleurs qui couraient la région. Il attacha son âne à un arbre pour qu'il ne s'échappe pas et s'endormit. Quand il se réveilla, l'âne avait disparu, il ne restait que la corde attachée au tronc de l'arbre. Alors, il se dit : « Si je ne suis pas Nastradine Hodja, j'ai gagné une corde. Mais si je suis bien Nastradine Hodja, j'ai perdu mon bourricot. » Alors, vous aussi, si pendant que votre conscience est endormie, on vient s'emparer de ce qui vous appartient, il ne vous reste plus qu'à philosopher comme Nastradine Hodja.

Ce qui endort la vigilance, c'est l'attrait, le goût des plaisirs. En effet, comment être vigilant quand on n'a que l'envie de se laisser aller à ce qui est agréable ? Les plaisirs sont comme une humidité qui mouille les ailes de votre âme et l'empêche de voler. Et quand votre âme ne peut plus voler, n'importe quel « loup » peut vous saisir.

Rien ne se produit par hasard. Le loup est le symbole de forces hostiles, destructrices qui apparaissent toujours là où, par manque de vigilance, une transgression a été commise. Si vous commettez une transgression dans le plan affectif, le domaine du cœur, le loup apparaîtra sous forme d'égoïsme, de jalousie, de dureté, de désir de vengeance. Si vous commettez une transgression dans le domaine de l'intellect, le loup apparaîtra comme manque de discernement, de sagesse, de raison. Et si vous la commettez dans le domaine de la volonté, le loup apparaîtra comme paresse, maladresse, chute.

Et comment maintenant comprendre la clôture ? Une clôture est une limite, une barrière, et donc aussi une protection. C'est le rôle que joue la peau pour le corps physique, et dans le plan spirituel cette protection est assurée par l'aura. L'aura, c'est elle la vraie clôture qui nous met à l'abri des loups, et c'est elle que nous devons bien fermer et élever le plus haut possible. Comment ? Par le travail du cœur et de l'intellect. Le cœur maintient fermement la clôture, et il bouche les trous pour que nous puissions résister aux chocs ; car l'amour travaille d'une façon spéciale en renforçant les cellules et en les rendant capables d'affronter la maladie et le malheur. Quant à l'intellect, éclairé par la sagesse, il élève un mur de lumière que les esprits malfaisants qui rampent dans les régions inférieures ne peuvent pas franchir.

Avant de commencer son travail, le mage trace un cercle autour de lui afin de se protéger des entités ténébreuses. Ce cercle est aussi une forme de clôture. Vous direz qu'il n'a ni hauteur ni épaisseur. C'est vrai, mais par son amour et sa sagesse, le mage donne à ce cercle une telle hauteur et une telle épaisseur qu'il est protégé comme dans une forteresse imprenable.

Vous comprenez pourquoi il est tellement important de travailler sur votre aura par l'amour et la sagesse, afin que rien de mauvais ne puisse vous atteindre. Je vous l'ai dit, l'aura est une peau, c'est votre peau spirituelle. Et autant il est souhaitable que votre peau physique soit douce et fine, autant votre peau spirituelle doit être épaisse.[2]

Il y a des personnes qui ne cessent de se plaindre de la façon dont on les a regardées, dont on leur a parlé, dont on les a traitées ; elles sont tellement sensibles qu'on dirait qu'elles ont des plaies partout. Si vous leur dites : « Alors, comment ça va ? » en leur donnant une tape amicale sur l'épaule, leur aura se crispe, car elle est très mince, et c'est le signe qu'elles n'ont pas beaucoup d'amour. Tandis que les personnes qui ont une aura très large, vous pouvez leur dire tout ce que vous voulez, cela ne les trouble pas, ne les vexe pas, car elles ont beaucoup d'amour. Alors, si vous êtes tellement sensible aux critiques, aux vexations, ne cherchez pas à vous justifier, c'est seulement que vous ne possédez pas suffisamment d'amour pour colmater les brèches et construire des murs épais afin d'empêcher les courants négatifs de passer.

Quant à la sagesse, elle vous indique le chemin vers le haut, car ce n'est pas en bas, au ras du sol, qu'on acquiert une bonne connaissance des choses.

Celui qui veut voir ce qui se passe dans la vallée doit monter sur un sommet ; une fois en haut, non seulement il voit, mais il est protégé, les ennemis ne peuvent pas l'atteindre. Et, un jour, il arrive à rejoindre Celui que les *Psaumes* appellent le Très-Haut ; alors, même au milieu de la tourmente, quelque chose en lui est capable de demeurer là, sur des hauteurs où rien ne peut plus lui nuire.

L'épaisseur correspond au sentiment, car le sentiment, la chaleur travaille pour arrondir, élargir les choses ; tandis que la sagesse, la lumière les tire vers le haut. Pour le moment, ce sont les chagrins, les difficultés qui font réfléchir les humains et les rendent plus sages. Mais cette période passera, et un jour ce sera la joie, la gaieté qui accompagneront la sagesse.

Le berger qui ne transgresse pas les lois tient les loups à distance : ils ont peur de lui parce qu'ils le sentent très fort. Et cette force se communique aux brebis qui deviennent audacieuses, elles s'unissent pour les empêcher d'entrer. On dit que les brebis sont craintives. Non, c'est une erreur, elles sont craintives si leur maître s'est affaibli en vivant dans le désordre et la désharmonie.

Ce que je vous dis là est d'abord vrai pour le corps physique. Quand l'être humain ne mène pas une vie inspirée par la sagesse et l'amour, ses brebis, c'est-à-dire les cellules de tous ses organes en subissent les conséquences : elles n'ont plus la même vitalité, on peut même dire qu'elles sont découragées ; alors, quand la maladie survient, elles sont incapables de la combattre. Le général qui veut communiquer à ses hommes l'élan nécessaire pour repousser l'ennemi, doit lui-même faire preuve d'intégrité, de force d'âme. S'il se laisse aller, les soldats feront comme lui. Dans tous les domaines, c'est la même loi qui se vérifie.

Chacun de vous doit devenir un berger vigilant et protéger ses brebis, non seulement en vérifiant chaque jour qu'il n'y a pas de brèche dans la clôture, mais aussi en renforçant cette clôture et en mettant des chiens de garde. Dès que vous éprouvez une certaine irritation, de la nervosité, du découragement, inspectez votre clôture : il doit y avoir une brèche. Si un loup passe par là, et il passera forcément à un moment ou à un autre, il entrera et dévorera quelques-unes de vos brebis.

Quelqu'un vient me dire : « Je ne sais pas pourquoi, mais je me sens bizarre, tout me fatigue, m'irrite, et je n'ai de goût pour rien. » Eh bien, pour moi c'est clair : il a laissé se former quelques trous dans son aura et ses énergies s'en vont par ces trous. Il doit maintenant s'occuper de les boucher.

Faites cette expérience pendant au moins une semaine : surveillez vos pensées et vos sentiments, efforcez-vous de ne céder à aucun mouvement négatif, mettez-vous sous la loi de l'amour et de la sagesse. Vous sentirez votre clôture s'élargir et s'élever d'elle-même, et vous serez surpris de constater que des événements, des situations qui étaient auparavant pour vous des causes d'irritation et de tourment, ne vous touchent même plus.

Pour parvenir à la vraie sagesse, il faut avoir traversé les plus grandes difficultés, les plus grandes épreuves. La sagesse d'un être parle de toutes les expériences qu'il a faites, de toutes les victoires qu'il a remportées sur le mal, et vous devez ressentir pour lui estime et admiration, parce qu'il a payé très cher pour l'acquérir. Et s'il est véritablement un sage, vous ne lisez dans son attitude, dans son regard, que la certitude qu'avec la foi, le travail et le temps, on arrive à bout de toutes les difficultés.[3] Il peut arriver qu'il porte encore sur le visage les marques laissées par la souffrance, mais ce qui domine, c'est la présence d'une lumière, quelque chose de profond, de secret qui rayonne, qui irradie.

Vous voulez devenir un tel sage ? Ne laissez pas passer un seul jour sans penser à boucher les fissures, à renforcer l'enceinte qui vous protège, afin qu'aucun loup ne puisse entrer et dévorer vos brebis. On ne prend jamais suffisamment de précautions. Tant que nous serons sur la terre, nous rencontrerons des loups ; il est inutile de chercher à les supprimer pour sauver les brebis, nous n'y arriverons pas, et ce n'est pas à nous de le faire.

Notre tâche à nous, c'est d'être vigilant et de nous renforcer.

Si les loups existent, c'est parce qu'il y a un Créateur pour s'occuper d'eux, et nous devons accepter leur présence. Ils ont le droit de rôder autour des bergeries. Mais le berger, lui, a non seulement le droit mais le devoir de se protéger et de protéger son troupeau. S'il ne se protège pas et si le loup attaque ses brebis, il ne doit s'en prendre qu'à lui-même.

Vous direz : « Mais si je me confie à Dieu, si je L'aime, Il me protégera. » Non, si vous n'êtes pas attentif, vigilant, même votre amour pour Dieu ne vous sauvera pas. Dieu vous dira : « Tu m'aimes ? C'est très bien, mais pourquoi veux-tu que ce soit moi qui fasse tout le travail ? » Ni votre amour, ni toutes vos bonnes qualités ne peuvent vous dispenser d'être vigilant. Aucune vertu ne peut remplacer la vigilance.

Vous direz : « Mais est-ce que les entités lumineuses du monde invisible ne nous protègent pas ? » Si, bien sûr, seulement elles ne sont pas là uniquement pour nous protéger, elles sont là aussi pour nous éduquer et souvent elles nous laissent nous débrouiller. Un petit enfant a toujours près de lui quelqu'un pour veiller à ce qu'il ne lui arrive aucun mal : ses parents, ses grands-parents, ses frères et sœurs plus âgés, ou d'autres personnes. Mais progressivement, on commence à le laisser seul afin qu'il apprenne à être responsable de ses actes. Eh bien, il en est de même pour la vie intérieure.

Jusqu'à un certain point, il y a dans le monde invisible des entités qui prennent soin de vous. Mais quand vous avez acquis une certaine maturité spirituelle, elles vous disent : « C'est à toi maintenant de te garder. » Les croyants commettent une grande erreur en s'imaginant que le Ciel est là pour les protéger ; non, il est là seulement quand ils sont là eux aussi. Le Ciel nous laisse quelquefois exposé à de grands dangers, et si nous n'avons pas pris toutes les précautions nécessaires, évidemment, nous succombons.

Dans des circonstances exceptionnelles il arrive que certains êtres soient préservés. Alors même qu'inconsciemment ils couraient à leur perte, ils sont sauvés, car un ange sous la forme d'une intuition, d'un pressentiment, vient les prévenir du danger. Mais ceux qui ont ce privilège d'être ainsi protégés le doivent au fait que, dans le passé, ils ont fait preuve d'une grande vigilance.

En réalité, combien de fois déjà dans votre vie avez-vous bénéficié de cette protection ! Oui, à combien de dangers dont vous n'étiez pas conscient avez-vous échappé ! Mais ne prenez pas ce prétexte pour manquer d'attention. C'est dans tous les domaines que vous devez exercer votre vigilance. Il y a chaque jour tellement de précautions à prendre pour que ce qui vous est utile, indispensable même, ne se retourne pas contre vous ! Fermer les robinets d'eau et de gaz, surveiller le feu et la bougie qu'on a allumés et penser à les éteindre, ne pas laisser traîner d'objets sur lesquels vous-même ou d'autres personnes pourriez trébucher…

Vous êtes sur le point de vous endormir et vous ne vous souvenez pas si vous avez fermé votre porte à clé. Quittez votre lit et allez vérifier, car le Ciel n'a pas à monter la garde à l'entrée de votre demeure, ni à s'occuper de vos affaires, quelles qu'elles soient. Il vous a donné un cerveau, des yeux, des oreilles, des pieds, des mains, et il vous dit : « Vous avez tous ces instruments, servez-vous-en, c'est cela qui vous gardera. Quand vous les mettrez au travail, des entités lumineuses seront là pour vous garder aussi. »

Les affaires que vous avez mises en route et qui ne sont pas achevées, les erreurs que vous avez commises et que vous n'avez pas corrigées, vous pensez que Dieu viendra s'en occuper, et évidemment chaque fois en votre faveur. Eh bien, non, c'est à vous de faire le nécessaire et de ne pas compter tellement sur Lui. Si vous placez un seau quelque part sous une gouttière, dès qu'il pleuvra il y a quelque espoir qu'il se remplisse d'eau ; mais si vous ne le mettez pas, n'attendez pas qu'il soit rempli. Si vous déposez une graine dans le sol, il y a espoir de voir pousser une plante, mais si vous ne semez rien, n'attendez rien.

Vous direz : « Mais c'est enfantin, nous savons cela. » En êtes-vous si sûr ? Vous n'ouvrez pas votre cœur à l'eau divine, et vous attendez pourtant qu'il soit rempli. Vous ne semez pas des pensées et des sentiments d'amour, de générosité, et vous attendez de vivre dans la paix et la joie. Lorsque vous devez prendre un objet pour le donner à quelqu'un, est-ce que vous mettez votre attention, votre conscience dans ce geste ?… Non, vous le faites machinalement. Eh bien, désormais, soyez attentif à donner quelque chose en plus, ajoutez une bonne pensée, un bon sentiment, un bon souhait pour cette personne.

Et prenons l'exemple des couples. Un homme et une femme se rencontrent, pendant quelque temps chacun est attentif afin de plaire à l'autre. Mais du jour où ils ont obtenu ce qu'ils souhaitaient : vivre ensemble, se marier, ils ne se croient plus tellement obligés de faire des efforts, ils se laissent aller. Vous direz que la vie quotidienne est tellement prenante, on a tellement de soucis, d'obligations, de choses auxquelles il faut penser ! C'est d'accord, mais il y a au moins une solution : garder une petite distance. Oui, même lorsqu'ils vivent ensemble, les hommes et les femmes auraient avantage à ménager une certaine distance pour éviter de tomber dans cette familiarité prosaïque qui caractérise la vie quotidienne quand on n'est pas vigilant.

Il est bon que dans un couple chacun conserve pour l'autre un peu de secret et de mystère, afin d'entretenir l'intérêt, la curiosité pour quelque chose de nouveau, d'inconnu. C'est l'inconnu qui protège cette attraction que les êtres humains ressentent les uns pour les autres, et c'est par manque d'attention, souvent, qu'ils perdent l'amour. Que de confidences j'ai reçues d'hommes et de femmes qui se plaignaient de l'usure de leur amour ! Eh oui, avec le temps, on devient négligent, on oublie les règles élémentaires de la retenue, de la pudeur, de l'esthétique.

L'attention entretient l'amour, et elle entretient aussi la vie. Prêtez donc attention à toutes les créatures que vous rencontrez sur votre route, non seulement aux humains mais encore aux fleurs, aux papillons, aux oiseaux, aux gouttes de rosée. Ce conseil, vous pouvez l'appliquer également à votre monde intérieur. Les papillons et les oiseaux sont des présences d'êtres invisibles qui peuvent voler et chanter au-dedans de vous. Parfois, en ouvrant votre fenêtre le matin, vous sentez comme si des oiseaux chantaient en vous, comme si des gouttes de rosée brillaient sur les fleurs et les feuilles de votre âme. Portez attention à cette sensation, ne la laissez pas s'évanouir sans essayer de la retenir au moins un moment.

La vigilance doit se manifester dans les moindres choses, même dans votre façon d'arranger votre chambre, le soir, avant de vous coucher, car des êtres angéliques peuvent venir vous visiter pendant la nuit, et s'ils voient des vêtements, des objets qui traînent, ils ne sont pas très heureux de ce spectacle et ils risquent de ne plus revenir. Rangez chaque soir votre demeure comme si vous deviez recevoir des hôtes, des amis.

Et puisque le monde invisible est peuplé d'habitants de toutes sortes, si vous ne voulez pas être dérangé pendant votre sommeil par certains visiteurs malveillants, vous pouvez laisser quelque chose auprès de votre lit : une prière, une pensée que vous aurez écrite, une image sainte, la photographie d'un sage, d'un Initié. Par son intermédiaire vous vous mettez sous l'autorité et la protection d'un Être qui étend sa bienveillance sur toutes les créatures.[4]

Dans les Évangiles Jésus dit : *« Lorsque le berger fait sortir toutes ses brebis, il marche devant elles et les brebis le suivent parce qu'elles connaissent sa voix… Je suis le bon berger. Je connais mes brebis et mes brebis me connaissent. »* Mais cette parabole du bon berger ne doit pas être seulement comprise dans sa dimension cosmique : le Christ, pasteur des âmes dans l'univers entier ; il faut aussi la comprendre dans sa dimension mystique. Notre Moi supérieur[5] représente le Christ en nous, c'est Lui ce bon berger vigilant, éclairé ; et les brebis, nos cellules, doivent écouter sa voix et le suivre.

Notes

1. Cf. *Regards sur l'invisible,* Coll. Izvor n° 228, chap. XVI : « Les voyages de l'âme pendant le sommeil ».
2. Cf. *Notre peau spirituelle, l'aura,* Brochure n° 309.
3. Cf. *La foi qui transporte les montagnes,* Coll. Izvor n° 238, chap. XIII : « Rabota, vrémé, véra : le travail, le temps, la foi ».
4. Cf. *Regards sur l'invisible,* Coll. Izvor n° 228, chap. XV : « Se protéger pendant le sommeil » et « *En esprit et en vérité* », Coll. Izvor n° 235, chap. XII : « L'image, simple support pour la prière ».
5. Cf. *La vie psychique : éléments et structures,* Coll. Izvor n° 222, chap. XIII : « Le Moi supérieur ».

III

PROTÉGER LES FRONTIÈRES DE NOTRE ÂME

Celui qui par faiblesse, par inattention, a laissé pénétrer en lui des pensées et des sentiments inspirés par sa nature inférieure, se trouve dans la même situation qu'un pays occupé : des envahisseurs ont franchi les frontières et pris possession du territoire, et maintenant il doit vivre sous la domination de ces ennemis, les servir, satisfaire leurs caprices.

C'est justement cette comparaison que le Maître Peter Deunov avait utilisée un jour. Faisant allusion à la période où la Bulgarie était sous la domination de l'empire ottoman, il avait dit : « Quand un *effendi** entrait dans la maison d'un Bulgare, celui-ci se sentait obligé de l'inviter à manger ou à boire. Puisqu'il n'était pas en son pouvoir de le chasser, il n'avait pas d'autre solution que de s'attirer ses bonnes grâces. Mais s'il était intelligent, il cherchait en même temps les moyens de regagner la liberté. »

* Titre des dignitaires civils ou religieux chez les Turcs.

Eh oui, en attendant de pouvoir vous libérer des ennemis que vous avez laissés entrer, vous êtes obligé de les subir. Au fond, c'est exactement la même histoire que celle du berger et du loup. Quand le loup surgit, le berger ne lui souhaite pas la bienvenue en lui offrant toutes ses brebis à dévorer. Mais puisqu'il a oublié de fermer la porte de la bergerie, ou de laisser un chien pour protéger son troupeau, il est obligé de lui dire : « Prends une ou deux brebis, mais ne massacre pas tout mon troupeau… Et moi, ne m'attaque pas, laisse-moi la vie. » Parfois, pour éviter le pire, on est obligé momentanément de nourrir un peu ses ennemis.

Cette règle s'étend à tous les domaines, et je me souviens de ce que j'ai vu faire pendant mon enfance dans le village de Macédoine où je vivais. Quelqu'un avait un furoncle, un abcès : on prenait, par exemple, une figue bien mûre et on l'appliquait sur le mal en disant à l'entité qui était la cause de ce mal : « Viens, mange, c'est pour toi. » Après un moment, en effet, le mal quittait la personne et il ne restait plus qu'à jeter la figue.

Et si quelqu'un était atteint de troubles mentaux, on considérait qu'il était victime d'esprits ténébreux. On préparait alors un petit pain rond dans lequel on mettait une grande quantité de miel. On faisait venir des musiciens et on invitait ces esprits malfaisants à manger. Puis, on prenait le pain, et en chantant, en prononçant des formules d'exorcisme, on sortait du village en cortège et on jetait ce pain le plus loin possible. Les esprits se précipitaient alors sur le pain et libéraient la personne. On se débarrasse donc des occupants indésirables en les expédiant ailleurs. Les Évangiles aussi rapportent comment Jésus a fait entrer dans des pourceaux les démons qu'il avait expulsés du corps d'un possédé, et les pourceaux se sont jetés dans la mer.[1]

Ces pratiques, qui remontent très loin dans le temps, subsistent encore là où sont conservées certaines médecines traditionnelles. Elles sont fondées sur des connaissances très sûres ; mais évidemment, pour la plupart de nos contemporains, tout cela n'est que des balivernes ; d'après eux, les guérisons ne peuvent venir que des médecins et des psychiatres. Ils ont tort. Seulement, bien sûr, l'efficacité de ces méthodes dépend des qualités morales et de l'expérience de celui qui les pratique. Sans ces qualités morales et cette expérience, le « guérisseur » lui-même court le risque d'être attaqué.

Comment agit le dompteur de fauves dans un cirque ? Quand les animaux se font menaçants, il ne les affronte pas, il leur jette quelques morceaux de viande et pendant qu'ils sont occupés à manger, il peut prendre des précautions ou sortir de la cage. Au contraire, un ignorant ne sera capable que de les irriter davantage et d'exposer sa vie.

La violence est rarement une bonne méthode pour se débarrasser d'un ennemi, d'une maladie. Quand vous vous êtes blessé, vous attendez la cicatrisation complète, vous n'enlevez pas la croûte, vous laissez la nouvelle peau se former au-dessous, et ainsi il n'y aura bientôt plus trace de la blessure. Chaque fois que par ignorance, imprudence ou impatience, on essaie de se libérer brutalement, on risque de ne pas s'en sortir sans dommage physique ou psychique.

Si vous vous êtes mis dans une mauvaise situation, il est normal que vous cherchiez à vous libérer. Mais attention, ne le faites pas précipitamment. Vous ne supportez plus votre travail… ou la personne avec qui vous vivez… ou bien encore vous voulez changer d'existence. Bien sûr, c'est possible, mais attendez le moment opportun. Si vous agissez ne serait-ce qu'un jour ou une heure trop tôt, cela risque de vous coûter très cher. Vous devez commencer par préparer le terrain, par clarifier l'atmosphère, et cela se fait lentement, dans le secret. Un jour, enfin, cette libération se produit, et vous constatez alors combien de précautions, combien de préparatifs avaient été nécessaires.

Puisqu'aucun être humain venant s'incarner sur la terre n'est parfait, chacun, plus ou moins, est obligé de donner à manger à ses mauvais instincts. Mais le disciple d'une École initiatique comprend qu'il doit en même temps travailler en secret à sa libération. Chaque jour il prie, il médite, il exerce sa volonté, il envoie des messages aux amis du monde invisible. Alors, arrive enfin le moment où il peut dire à tous les occupants : « Allez-vous-en, ici c'est le Royaume de Dieu et vous n'y avez plus de place. »

Bien sûr, ces ennemis vont se dresser, montrer les dents, sortir les griffes pour le menacer : « Tais-toi, nous sommes ici chez nous, nous sommes tes maîtres. » Mais il répondra : « Oui, c'était ainsi dans les premières pages de l'histoire mais, depuis, d'autres pages ont été écrites sans que vous le sachiez, et beaucoup de changements sont survenus. Maintenant, Dieu est mon pasteur, Il me protège. » Et même s'ils ouvrent la gueule et projettent des flammes, il arrivera à les repousser. Mais d'abord, c'est à lui d'être vigilant et de travailler chaque jour sans se reposer sur la Providence.

Car ce que la plupart du temps les humains appellent Providence est une puissance qui, pensent-ils, doit veiller sur eux, les tenir à l'abri des dangers et des épreuves. Eh bien, pas du tout. Comme il y a beaucoup de vérités qu'ils n'ont pas encore comprises, la Providence ne s'oppose jamais à ce qu'ils reçoivent les leçons dont ils ont besoin pour s'améliorer. Quelquefois ces leçons commencent par des événements agréables et les voilà tout contents… jusqu'au jour où ils découvrent que dans ces événements agréables se cachaient aussi quelques pièges.

Obtenir, par exemple, une place, une fonction importante peut apparaître comme un succès dont on se réjouit et remercie le Ciel. Oui, mais ceux qui deviennent des personnages influents ont tendance à oublier ces qualités essentielles que sont la bonté, la générosité, l'humilité, l'abnégation. C'est pourquoi commencent les oppositions, les épreuves pour les obliger à pratiquer ces vertus. Là, le Ciel ne vient pas les mettre à l'abri : il surveille et attend qu'ils aient appris la leçon.

Quand la leçon sera bien apprise, ils retrouveront leur prestige dans cette vie ou dans une autre, mais ils devront alors bien se souvenir de cette leçon et non pas essayer de prendre leur revanche. Nous disons en Bulgarie : « Pazi, Bojé, sliapo da progléda », c'est-à-dire « Seigneur, garde-nous de l'aveugle qui a recouvré la vue. » Car prendre leur revanche, c'est toujours la tentation qui menace les humains le jour où leurs facultés, la fortune ou le pouvoir leur sont rendus.

Tout ce qui arrive a sa raison d'être. Voilà la certitude qui caractérise le sage, et c'est pourquoi rien ne peut lui faire perdre sa lumière et sa joie. Même si beaucoup d'événements restent encore pour lui inexplicables, il sait qu'il aura un jour ces explications. L'existence, c'est vrai, nous place souvent devant des faits, des situations qui, au premier abord, nous apparaissent incompréhensibles. Mais rien n'est plus terrible et dangereux que d'en conclure que la vie est dénuée de sens. Jamais le sage ne pensera, comme le font de soi-disant philosophes, que tout n'est que hasard et chaos. Quel orgueil de prétendre que l'existence est dépourvue de sens, alors qu'on est simplement incapable de comprendre !

Si vous le souhaitez vraiment et si vous travaillez, tôt ou tard vous finirez par vous libérer. Pour le moment, sous une forme ou sous une autre, vous subissez une occupation : des intrus se sont installés chez vous. Prenons l'exemple de quelqu'un qui voudrait s'arrêter de fumer. Cette habitude qu'il a prise de fumer est comme une entité qu'il a laissée s'installer chez lui et qui l'oblige à continuer de fumer. Comprenant combien le tabac est néfaste pour sa santé, il prend une décision radicale : à partir de demain, c'est fini, il ne fumera plus. Pendant un jour, deux jours, trois jours, il tient bon, il ne touche plus une cigarette. Mais voilà que tout se brouille devant ses yeux, il ne se sent pas bien, et alors il capitule.

Et ce qui est vrai pour le tabac l'est aussi pour toutes les mauvaises habitudes, il est impossible de les arracher d'un seul coup. Comme le Bulgare avec l'occupant turc, on est obligé de se montrer un peu conciliant. Oui, mais rien n'empêche de préparer en secret sa libération. C'est aussi le conseil que j'ai donné à ceux qui veulent devenir végétariens : ne pas s'arrêter brusquement de manger de la viande, mais chercher à la remplacer peu à peu par des aliments qui peuvent leur plaire tout autant. Ce n'est pas très difficile de changer ses habitudes alimentaires, et de nos jours on trouve une telle variété de nourritures !

Innombrables sont les occupants auxquels l'homme doit faire face, toutes les impulsions instinctives par lesquelles il est assailli : la jalousie, la colère, la cupidité, la sensualité, l'orgueil, la paresse… Parmi ces occupants, le plus dangereux est la paresse ; oui, parce qu'elle s'accroche à la volonté. On comprend ce qu'il faut faire, on sent qu'il faudrait le faire, mais la volonté n'est pas là ; et comme la volonté est le point de départ de toute décision, ce sont les forces vives qui sont atteintes. Mais le jour où l'intellect a vraiment compris ce qui est beau et bon, et où le cœur le souhaite, la volonté est obligée de suivre. Alors, voilà enfin la liberté ![2]

Une chose est de tolérer des ennemis tant qu'on ne peut pas faire autrement, autre chose est d'entretenir avec eux des liens d'amitié. En tant que créatures de Dieu, nos ennemis aussi ont le droit de vivre et de se manifester ; et quand on cherche à les déloger de certains endroits où ils se sont installés, ils protestent : « Pourquoi maintenant voulez-vous nous chasser ? » Car s'ils sont entrés, c'est que consciemment ou inconsciemment on les a laissés passer. Si la frontière avait été hermétiquement fermée, en essayant de la franchir ces entités auraient reçu une sorte de décharge électrique, comme les animaux ou les humains qui essaient de franchir une clôture électrifiée.

Pour faire barrage à ces ennemis que sont vos impulsions inférieures, le seul moyen est de protéger les frontières de votre âme en exerçant une vigilance de tous les instants. Quelqu'un vous adresse des paroles vexantes ou agit d'une manière que vous désapprouvez : si vous n'êtes pas vigilant, vous allez laisser éclater votre colère, et une fois le mouvement déclenché, vous ne maîtrisez plus rien, ni vos paroles, ni vos gestes, ni les battements de votre cœur. Combien de personnes regrettent de s'être laissé emporter ! Elles se promettent de ne plus recommencer, mais à la première occasion, à nouveau elles explosent. Eh bien, justement, manque de vigilance ! Si leur conscience était éveillée, elles saisiraient la seconde où elles peuvent encore décider de la suite des événements. Cette seconde écoulée, si l'instinct prend le dessus, le mécanisme de la colère se déclenche et rien ne peut l'arrêter.

Au début, on est le maître de toutes les forces instinctives. À la fin, on est leur esclave. Mais rien n'est déterminé d'avance. Grâce à la vigilance on peut profiter de ce moment où on domine encore la situation pour orienter le courant. Mais ce moment passé, l'attention ne sert plus à rien, sauf à constater les dégâts qui sont en train de se produire.

Être vigilant signifie prendre conscience du commencement, et cette vérité est valable jusque dans des domaines dont vous n'avez même pas idée. La gestation, par exemple. Tant que la mère porte l'enfant dans son sein, elle peut agir sur lui en se concentrant sur toutes les bonnes choses qu'elle souhaite pour sa santé, son caractère, ses facultés.[3] C'est là qu'est le commencement. Vous direz : « Mais ce commencement dure neuf mois ! » Oui, un commencement n'a pas de durée fixe, il peut se prolonger des mois, des années ; il est le temps pendant lequel on peut faire des préparatifs en exerçant sa vigilance.

Une guerre a éclaté, on peut même en préciser la date, oui, mais elle se préparait depuis des années : c'était là son commencement, bien avant que les hostilités ne se déclenchent. Qu'est-ce que le commencement pour une guerre ? La période de fabrication des bombes. Le jour où on les lâche, c'est déjà la fin. On ne peut pas dire à la bombe : « Je t'en prie, ne va pas tomber sur les êtres que nous aimons », car elle répondra : « Durant des mois, vous m'avez longuement préparée en sachant très bien ce que vous faisiez et je vous écoutais. Maintenant, c'est à mon tour d'agir. »

Chacun doit savoir jusqu'à quel point il peut rester maître de la situation. Aussi longtemps que vous direz : « Je vais un peu essayer ceci… Je vais un peu goûter cela… », attendez-vous à des surprises qui ne seront pas toujours agréables. Vous ne voulez pas de ces surprises ? Eh bien, il ne faut pas commencer. Tant que vous n'avez pas bu de vin, vous restez maître de votre équilibre, mais quand vous en avez ingurgité cinq ou six verres, on a beau vous commander : « Tiens-toi droit, arrête de tituber », impossible d'obéir, le vin qui se réjouit au-dedans de vous continue à danser.

Vous avez vu des gens ivres : les zigzags de leur démarche se retrouvent dans leur humeur, qui passe d'un extrême à l'autre. Ils rient puis ils pleurent ; ils ont l'air béats, puis furieux ; ils s'endorment sous la table, puis ils cassent tout ; ils injurient les passants ou se jettent à leur cou pour les embrasser. Mais le vin n'est pas le seul à provoquer l'ivresse, il y a des pensées et des sentiments qui ressemblent au vin. Ceux qui sont sous l'emprise de ces vins-là s'égarent dans les brumes et les vapeurs du monde astral, ils perdent la vision claire des choses, leur démarche et leur jugement sont chancelants.

Mais il existe aussi une ivresse divine : l'extase. Et cette ivresse-là, au contraire, donne la vision claire, elle illumine la conscience. Est-ce qu'il est interdit de s'enivrer ? Non, c'est Dieu qui a mis ce besoin dans l'homme. Mais il faut chercher l'ivresse en haut, dans la beauté, dans la lumière, en buvant aux sources pures qui jaillissent sur les sommets des montagnes spirituelles. Montez et buvez de leurs eaux, vous connaîtrez un merveilleux enivrement qui vous donnera l'équilibre, la force et la clarté.

Combien d'êtres sont conscients des sentiments et des pensées qui traversent leur cœur et leur cerveau ? Si vous rencontrez quelqu'un et qu'il vous demande : « A quoi pensez-vous ? » il n'est pas sûr que vous puissiez répondre. Eh bien, c'est ainsi que n'importe qui et n'importe quoi peut entrer en vous, comme aux frontières où il n'y a pas de douanes, ou dont les douaniers se sont endormis. Alors réveillez vos douaniers, sinon votre territoire va être envahi par des malfaiteurs, des produits illicites ou dangereux… Quelle que soit la façon dont on présente les choses, il s'agit toujours d'une frontière à protéger si on ne veut pas être victime.

Considérons à nouveau celui qui ne sait pas maîtriser sa colère : il ignore que c'est là une force qui vient de beaucoup plus loin et qui veut s'introduire en lui. Il croit même, au moins pour un moment, que ce courant puissant lui communique quelque chose de sa puissance. Mais c'est une illusion, car ce qui est puissant, c'est le courant, et non celui qu'il traverse. Aussi, après son passage, le pauvre malheureux se retrouve tellement faible que tout tremble en lui : les mâchoires, les jambes, les mains.

Le disciple d'une École initiatique a compris que c'est en retenant, en maîtrisant le courant d'énergies qui fait irruption en lui, en cherchant à le transformer, qu'il acquiert la véritable puissance. De même avec l'énergie sexuelle : on se renforce considérablement en la dominant. Voilà pourquoi les Initiés, qui ont appris à maîtriser l'instinct d'agressivité ainsi que l'instinct sexuel, possèdent tellement d'énergies pour penser, pour parler, afin d'éclairer les êtres.[4]

Sans la vigilance aucune acquisition spirituelle durable n'est possible : la vigilance dans la pensée, le sentiment et la volonté. C'est ce que j'ai compris très jeune. Je ne suis peut-être pas encore arrivé à pratiquer cette vigilance de chaque seconde, mais j'ai au moins compris combien elle est essentielle, et je m'entraîne jour et nuit, car elle représente ce frein qui permet de maîtriser le monde chaotique que chaque être humain porte en lui. Aussi est-elle nécessaire non seulement avant, mais pendant chaque action.

La vigilance est comme une lampe allumée qui marche devant nous. C'est pourquoi rien n'est plus important que de travailler avec la lumière. Ne croire qu'à la puissance de la lumière, s'imprégner de la lumière, regarder, boire et manger la lumière, voilà la vraie science ! Tout autre savoir est tellement pauvre, et ne soyez pas choqué si je vous dis que c'est le savoir des ignorants.

Vous êtes occupé à une chose ou une autre, et tout à coup, vous sentez une clarté, comme si c'était le printemps... et pourtant, c'est l'hiver ! Cette sensation qui ne dure peut-être qu'une seconde est le signe qu'un rayon de lumière a pénétré en vous. Mais si un obscurcissement vous envahit, avec une sensation de solitude et d'angoisse, sachez qu'il y a là un intrus qui essaie de se faufiler, ou bien que votre conscience, en voyageant, s'est égarée dans une région hostile, car cela aussi peut arriver. Ne restez pas dans cet état d'obscurité sans rien faire, car c'est une porte ouverte à des événements beaucoup plus graves qui s'ensuivront automatiquement. Jetez tout de suite un regard en vous-même pour comprendre ce qui vous a amené là ; puis, par toutes les méthodes que vous donne un enseignement spirituel, cherchez à retrouver le chemin qui vous conduira au milieu des esprits de la lumière et de la paix.

Notes

1. Cf. *L'arbre de la connaissance du bien et du mal,* Coll. Izvor nº 210, chap. VII : « La question des indésirables ».
2. Cf. *La vie psychique : éléments et structures,* Coll. Izvor nº 222, chap. V : « L'apprentissage de la volonté ».

3. Cf. *Qu'est-ce qu'un fils de Dieu ?,* Coll. Izvor n° 240, chap. XIV : « Peupler la terre de fils et de filles de Dieu ».
4. Cf. *Le travail alchimique ou la quête de la perfection,* Coll. Izvor n° 221, chap. VIII : « L'utilisation des énergies » et chap. XII : « La sublimation de la force sexuelle ».

IV

L'ATTENTE
QUI NOUS TIENT EN ÉVEIL

Vous priez, vous demandez que la lumière vous visite, que les anges vous visitent… Mais quand ils se présentent, combien de fois êtes-vous en train de regarder ailleurs ! Ou bien vous estimez que des affaires plus urgentes ou plus importantes vous attendent. Et ensuite, vous vous plaignez que la vie spirituelle ne vous apporte rien. Évidemment, que peut-elle apporter à ceux qui, tout en demandant la lumière et la joie célestes, sont incapables de les voir quand elles viennent à leur rencontre ?

Il ne sert à rien de demander, de prier, si on n'a pas d'abord développé la faculté qui permet de sentir qu'on est exaucé. Cette faculté est comme un appareil qui vous avertit que vous allez recevoir un message, un cadeau. Alors, au lieu de faire au Ciel toutes sortes de réclamations, préparez en vous cet appareil qui vibrera à son approche afin de vous mettre à l'écoute.

Un roi et sa suite doivent traverser une ville : trompettes et tambours préviennent les habitants afin qu'ils nettoient les rues, les décorent et se tiennent prêts à accueillir et acclamer leur seigneur. Même si ce genre d'événements est assez rare à notre époque, il se produit encore de temps à autre dans certains pays. Mais dans le plan spirituel, c'est chaque jour que la terre reçoit ainsi des visites royales. De grands êtres s'approchent d'elle accompagnés de créatures ailées et de musiciens, car les rois ont toujours une cour, et quelquefois même toute une armée, qui les accompagne dans leurs déplacements. Les esprits de la nature, habitants de la terre, de l'eau, de l'air et du feu, se précipitent pour faire partie du cortège. À tous ceux qui attendent sur les bords de la route, ils donnent leurs bénédictions, comme les princes jadis distribuaient sur leur passage des pièces d'or à leurs sujets. Bienheureux ceux qui perçoivent le son des instruments annonciateurs d'une visite : un prince de la lumière va passer, préparez-vous, mettez vos plus beaux vêtements, venez assister au passage de ce cortège qui descend du Ciel.[1]

Ou si vous préférez une autre image, pensez aux processions qui ont lieu au moment des grandes fêtes religieuses : pour les regarder passer, les uns se rangent le long des rues, d'autres se penchent aux fenêtres et aux balcons. Les pères tiennent leurs petits enfants à bout de bras afin qu'à la vue des icônes quelque chose de sacré s'imprime dans leur âme. Et tous rentrent ensuite chez eux le visage éclairé. Alors, vous aussi, tenez-vous sur le passage de la procession céleste, car c'est là que vous avez les meilleures conditions pour adresser vos demandes.

Le disciple attend toujours la visite d'un envoyé du Ciel, la venue du Messie, et parce qu'il attend, tous les centres subtils en lui entrent en activité. Il est comme Élisabeth, la mère de Jean-Baptiste qui, devenue enceinte à un âge très avancé, dit : « *C'est la grâce que le Seigneur m'a faite quand il a jeté les yeux sur moi.* » Il est aussi comme le vieillard Siméon qui « *avait été divinement averti par le Saint-Esprit qu'il ne mourrait point avant d'avoir vu le Christ du Seigneur.* » Quand Jésus nouveau-né fut amené au Temple par ses parents, Siméon le prit dans ses bras et dit : « *Maintenant, Seigneur, Tu peux laisser aller en paix ton serviteur, car mes yeux ont vu ton salut.* »

Une grande force réside dans l'attente, c'est elle qui nous maintient éveillés, afin qu'au moment où viendront les visiteurs, nous soyons prêts à leur ouvrir notre âme et notre esprit. Cette idée est aussi contenue dans la parabole évangélique des cinq vierges sages et des cinq vierges folles.[2] Je vous ai déjà expliqué comment l'interpréter. À l'arrivée de l'époux, les vierges sages qui avaient rempli leur lampe d'huile ont pu entrer dans la salle des noces, alors que les vierges folles, qui n'avaient pas pensé à mettre de l'huile dans leur lampe, n'ont pas été acceptées. Les vierges sages qui avaient rempli leur lampe sont le symbole de cette vigilance tellement nécessaire.

Et cette vigilance nécessaire est encore soulignée dans ce passage où Jésus dit à ses disciples : *« Soyez semblables à des hommes qui attendent que leur maître revienne des noces, afin de lui ouvrir dès qu'il arrivera et frappera. Heureux ces serviteurs que le maître, à son arrivée, trouvera veillant ! Je vous le dis en vérité, il se ceindra, les fera mettre à table et s'approchera pour les servir. Qu'il arrive à la deuxième ou à la troisième veille, heureux ces serviteurs s'il les trouve veillant ! »* Ces serviteurs qui ont veillé en attendant l'arrivée de leur maître, non seulement le maître les invite à sa table, mais c'est lui qui les sert.

C'est cette attitude de l'attente qui nous rend capables de percevoir les événements du monde invisible, les courants qui le traversent et les présences qui nous apportent leurs bénédictions. Vous direz que vous ne voyez rien. Peut-être, mais il existe des personnes qui voient. Et d'ailleurs est-il tellement nécessaire de voir ? Si vous ne voyez pas, vous pouvez au moins sentir, ce qui est bien plus important.

Entendre parler d'attente, c'est évidemment quelque chose d'insupportable et même d'insensé pour l'homme « moderne » qui, lui, au contraire, plongé dans les préoccupations matérielles, est toujours pressé d'arriver au but et veut tout avoir tout de suite. C'est pourquoi ses oreilles intérieures sont atrophiées, il n'entend pas l'appel qui l'invite à la fête, et il n'y participera donc pas. Tandis que le disciple se prépare à la venue du Seigneur : par la pensée il construit en lui-même cet appareil récepteur et, grâce à son attente, il a l'espoir de ne pas être absent, ou sourd, ou aveugle, lorsque le Ciel s'ouvrira, lorsque l'Esprit viendra. Il est comme le veilleur au sommet d'une tour, attentif à la moindre approche.

Combien de fois il vous arrive d'éprouver des sensations qui n'ont aucun rapport avec la réalité objective du moment ! À n'importe quelle heure du jour et au milieu des pires difficultés, vous pouvez vivre intérieurement l'apparition de l'aube, parce que votre conscience passe dans une région où le soleil est réellement en train de se lever, et vous recevez ses rayons. Et l'inverse se produit aussi, bien sûr.

Plus vous saurez vous observer, mieux vous comprendrez les différents phénomènes et événements de votre vie psychique qui ont leur correspondance avec ceux qui se produisent dans la nature : les aurores et les crépuscules, le ciel bleu et les orages, la chaleur et le froid, les clartés et les brouillards… Il est tellement important d'apprendre aussi cette météorologie-là ! Même si vous n'en êtes pas conscient, vous vivez intérieurement dans un monde fait de substances et de matériaux impondérables, impalpables, mais bien réels. Le jour où vous sentirez la réalité de ce monde invisible, vous vous découvrirez dans une dimension nouvelle.[3] Et c'est là que vous aurez les véritables révélations, oui, là, dans ces mondes subtils où vous êtes plongé et qui sont plus réels que tout ce qu'on appelle ordinairement la réalité.

Tout s'éclaircit au fur et à mesure que vous prenez conscience du but vers lequel vous vous dirigez, et des espaces de plus en plus vastes s'ouvrent devant vous. Ce sont vos sensations intérieures qui vous indiquent si vous vous êtes réellement éveillé à ce monde de lumière où tout prend une signification particulière.

Et ne vous montrez jamais impatient ; au contraire, apprenez à cultiver l'attente, car à chaque instant vous pouvez recevoir un avertissement, une nouvelle, un éclaircissement. Vous créez ainsi en vous une sorte de cellule photoélectrique qui vous avertira qu'une entité, un courant, est en train de passer. Tout de suite, cherchez à savoir quelle est sa nature, et si vous sentez que c'est un courant obscur qui vous alourdit, bougez, déplacez-vous, faites tout de suite quelque chose pour le neutraliser.

Mais quand vous sentez qu'un courant lumineux vient vous effleurer, restez immobile jusqu'à ce qu'il ait pris possession de vous. Si vous commencez par vouloir vous installer plus commodément sous prétexte de mieux le capter, vous le perdrez et vous ne pourrez plus le rattraper. De tels courants n'attendent pas, ils passent. C'est donc à vous d'apprendre comment les faire pénétrer profondément dans votre âme, afin qu'ils vous accompagnent ensuite tout au long de la journée dans chacune de vos activités.

Plus un courant est de nature spirituelle, plus il est rapide, et les courants divins passent comme l'éclair. Si votre appareil intérieur n'est pas en état de fonctionner immédiatement, ils vous échappent, comme un parfum très subtil qui s'exhale d'un flacon précieux. Ce qui est tenace, qui s'impose, qui s'incruste même, ce sont les manifestations du monde inférieur. Voyez comme les instincts sont bien incrustés en nous !

Plus vous avancerez sur la voie de l'amour et de la sagesse, plus vous serez capable de retenir les courants qui viennent des mondes supérieurs. Les entités lumineuses ne s'attardent pas chez celui qui ne vibre pas à l'unisson avec elles, c'est pourquoi l'inspiration, la joie, l'extase ne sont pour la plupart des humains que des moments très fugitifs. Pour qu'ils durent, il faut donner à ces entités les conditions dont elles ont besoin. Préparez donc votre cerveau, votre cœur, vos poumons, toutes les cellules de votre corps en les purifiant, afin qu'ils deviennent un jour leur demeure.

D'où vient que le sage est heureux ?... Même s'il ne ferme pas les yeux sur toutes les manifestations du mal dans le monde et les souffrances qui en résultent, il reste toujours attentif au passage des courants bénéfiques qui le traversent et il s'efforce de les retenir. Il aurait conscience d'offenser le Ciel s'il laissait perdre les richesses, les bénédictions qu'il déverse sur nous chaque jour. La grande faiblesse des humains n'est pas de ressentir le mal, mais de rester là à ruminer tout ce qui est négatif. Si on leur demande de parler des moments de joie qu'ils ont eus dans leur vie, combien sauront-ils en compter ? Alors qu'ils énuméreront sans fin les chagrins et les déceptions.

Beaucoup parmi vous m'écoutent comme si je racontais des fables pour les enfants.[4] C'est possible. Mais décidez-vous à cultiver cette attitude d'attente et vous découvrirez que ces fables sont la seule réalité. Certains jours, bien sûr, malgré vos efforts pour vous ouvrir aux vibrations célestes, vous ne sentirez rien. Mais ne vous découragez pas, un autre jour vous y parviendrez. Long et difficile est le chemin qui conduit à notre patrie céleste, pourtant, s'il y a une chose dont nous ne devons jamais douter, c'est qu'un jour nous arriverons au but. Alors qu'avec les entreprises terrestres, c'est beaucoup moins sûr.

Quand quelqu'un a échoué trois ou quatre fois à un examen ou à une élection, on lui fait comprendre qu'il est inutile d'insister, et il doit abandonner. Mais quand il s'agit de notre prédestination divine, nous devons à tout prix persévérer. Autrement dit, lorsque certains se demandent s'il faut être pessimiste ou optimiste, ils posent mal la question. La vraie question, c'est de savoir dans quelles circonstances on doit être pessimiste et dans lesquelles on peut être optimiste. Eh bien, on ne peut être optimiste que si on s'engage sur le chemin divin : là, un jour, on finit par arriver au but.

Notes

1. Cf. *Aux sources inaltérables de la joie,* Coll. Izvor n° 242, chap. XVIII : « La visite des êtres angéliques ».
2. Cf. *Nouvelle lumière sur les Évangiles,* Coll. Izvor n° 217, chap. IX : « La parabole des cinq vierges sages et des cinq vierges folles ».
3. Cf. *Centres et corps subtils – Aura, plexus solaire, centre Hara, chakras,* Coll. Izvor n° 219.
4. Cf. *Aux sources inaltérables de la joie,* Coll. Izvor n° 242, chap. XVI : « Ouvrir les portes du rêve ».

V

« SI TON ŒIL EST PUR, TOUT TON CORPS SERA DANS LA LUMIÈRE »

Il est dit dans les Livres sacrés que l'âme humaine a le pouvoir de remuer les cieux. Oui, l'âme peut remuer les cieux, mais seulement par son désir d'obtenir la lumière. Si elle insiste, exige, supplie, le Seigneur Lui-même, qui est lumière, ne peut pas la lui refuser. L'âme humaine est aussi puissante que Dieu quand elle souhaite la lumière, mais seulement la lumière, rien d'autre. Toutes ses autres prières peuvent être plus ou moins entendues, mais si c'est la lumière qu'elle demande, elle est exaucée. Quand ? Cela dépend de la puissance de son désir et de son acharnement au travail.[1]

Aucun être humain, en effet, même parmi les plus grands sages, n'est jamais sorti du ventre de sa mère auréolé de cette lumière divine. Par combien de tribulations, combien de souffrances le sage a dû passer pour trouver son chemin et, lorsqu'il l'a trouvé, pour ne jamais s'en écarter ! Longtemps, lui aussi, a pleuré et supplié. Les injustices, les outrages, les trahisons ne l'affectent pas tellement ; il pleure et supplie seulement pour recevoir la lumière et la conserver. Et ces larmes versées pour la lumière, les anges les recueillent précieusement.

Devant certains êtres, l'expression de leur visage, leur regard, tout ce qui émane d'eux, c'est immédiatement le mot lumière qui vient à l'esprit. Comme si dans leur cœur, dans leur âme, ils étaient capables de distiller une matière impondérable, puis de la projeter sous forme de lumière. Ou alors, comme s'ils avaient capté quelque chose de la lumière diffuse dans l'espace et l'avaient condensée en eux. Leur corps entier semble fait d'une substance translucide à l'intérieur de laquelle brûle une flamme. C'est sans doute la sensation que l'on devait éprouver devant Rabbi Siméon bar Yochaï que la tradition juive a appelé « la lampe sainte ».

Pour beaucoup, cette lumière reste un grand mystère parce qu'ils ne savent pas qu'elle est le résultat de processus très réels de la vie intérieure. Le sage, l'Initié, l'a obtenue par un travail de tous les instants sur chacune de ses manifestations : pensée, sentiment, désir, acte. De chaque pensée, de chaque désir, de chaque sentiment et de chaque acte qu'il parvient à rendre plus désintéressé, plus généreux, plus pur, il retire une quantité infinitésimale de lumière.[2]

Nous possédons tous la faculté de réaliser ce travail, ou tout au moins de le commencer. La lumière est la matière même de la création, et par la méditation, la concentration, nous pouvons extraire de tout ce qui existe autour de nous quelques atomes de lumière afin de les assimiler à notre propre substance. Évidemment, cette lumière, nous la trouvons avant tout dans le soleil, mais aussi dans l'air que nous respirons, dans les boissons et dans les aliments qui nous servent chaque jour de nourriture.

Une fois que nous possédons un peu de cette lumière, nous avons toutes les possibilités de l'augmenter. Comment ? En la faisant fusionner avec la lumière divine. C'est à cette fusion qu'elle aspire plus que tout. Mais il y a une condition : que le chemin qui la conduit jusqu'à la lumière divine soit débarrassé de toute impureté. Ce sont les impuretés qui empêchent la fusion. Sur une surface parfaitement propre, des gouttes de mercure qui sont disséminées peuvent se rejoindre ; mais qu'il y ait un peu de poussière, la fusion est impossible. Il en est de même pour la lumière en nous. En nous purifiant nous faisons tomber les obstacles qui la séparent de la lumière de Dieu, jusqu'à ce qu'un jour elle ne fasse plus avec elle qu'une seule lumière. Rien ne pourra plus les séparer.

Cette lumière intérieure qui ne demande qu'à rejoindre la lumière divine, c'est notre âme. Elle a dû passer par tant de chemins qu'elle est maintenant recouverte de poussière terrestre. Mais une fois que nous l'aurons débarrassée de cette poussière, elle se précipitera vers Dieu et réalisera avec Lui une union éternelle.

Vous pouvez souhaiter beaucoup de choses pour votre bonheur, mais à la première place vous devez mettre la lumière. Sur le chemin de la vie, qu'elle soit votre compagne en même temps que le but à atteindre. Et évitez tout ce qui peut vous détourner de ce but, en vous efforçant de développer votre œil intérieur.

L'œil au centre d'un triangle est un symbole très répandu dans le christianisme et dans certains mouvements spirituels. Il représente l'œil de Dieu qui voit tout. Cela ne signifie pas, comme certains le croient naïvement, que Dieu est occupé à nous observer et à noter toutes nos bonnes et mauvaises actions pour ensuite nous punir ou nous récompenser. Cet œil est aussi en nous. C'est lui qui nous regarde, qui nous surveille, et si nous sommes conscients de sa présence, nous avancerons sur le chemin de la lumière sans risque de nous égarer.

Les sages hindous mentionnent aussi cet œil qu'ils situent à la racine du nez ; dans le système des chakras il correspond à Ajna chakra.[3] Les yogis se concentrent sur lui pour développer la clairvoyance. Mais, dans notre Enseignement, nous n'orientons pas nos efforts dans ce sens, car la clairvoyance est une faculté psychique qui comporte des dangers si certaines qualités morales comme l'honnêteté, l'humilité, la force de caractère n'ont pas été au préalable suffisamment développées.[4]

La lumière divine pénètre en nous en passant par cet œil spirituel pour se répandre ensuite dans tout notre corps. C'est pourquoi Jésus disait : *« Si ton œil est pur, tout ton corps sera dans la lumière. »* Il faut donc comprendre que ce que Jésus aussi appelle œil est un organe spirituel, différent de nos yeux physiques qui nous permettent de percevoir seulement les réalités matérielles.

« Si ton œil est pur… » Nous travaillons à la purification de cet œil en nourrissant des pensées, des sentiments, des désirs généreux, désintéressés, avec la conscience que c'est cet œil aussi qui nous protège. Parce qu'il nous surveille, et qu'il est souhaitable de se sentir surveillé, il nous empêche de commettre des erreurs. Nous devons même lui demander de poser toujours son regard sur nous, et nous réjouir lorsqu'au moment de dévier, la seule sensation de ce regard nous retient sur le bon chemin.

Tant que la conscience morale d'un être n'est pas assez développée, cette surveillance est nécessaire, salutaire. Dans la vie courante, celui dont la conscience s'est approfondie, raffermie, éclairée, n'a pas besoin d'être surveillé, il travaille même mieux en se sentant libre. S'il doit continuellement subir un contrôle, il le ressent comme un manque de confiance, il en souffre et il travaille moins bien, ou cesse même de travailler. Dans le plan spirituel dont nous parlons, l'être humain doit avoir atteint un très haut degré de développement, avoir acquis la pleine conscience de l'importance de l'œuvre cosmique à laquelle il participe, pour que la surveillance de l'œil de Dieu ne soit plus nécessaire. Mais en attendant, cette surveillance est sa sauvegarde, et il doit non seulement l'accepter, mais la demander.

Le sage, l'Initié, travaille longtemps à faire de son corps l'habitacle de la lumière. Et alors, comme le soleil qui projette ses rayons dans l'espace, par ses vibrations, ses émanations, ses regards, ses paroles, ses gestes, il projette la lumière autour de lui. Sans même qu'il le veuille ou qu'il en soit conscient, ce rayonnement naturel, spontané, qui est celui de son être profond, embrasse toutes les créatures, et elles le reçoivent autant qu'il est en leur pouvoir.

Mais l'Initié peut agir aussi de façon consciente, volontaire, en décidant de donner un regard, de projeter un faisceau d'énergies en certains lieux, sur certains êtres précis. On peut donc dire qu'il existe deux sortes de rayonnement : l'un qui, par le seul fait qu'il existe, se propage spontanément dans toutes les directions de l'espace et forme donc un cercle, une sphère ; et l'autre, conscient, volontaire, se projette en ligne droite dans une direction déterminée.

Le cercle est la projection de la sphère sur un plan horizontal, et nous pouvons voir en lui une représentation de l'inconscient. Le rayon, lui, représente la conscience active, et le centre du cercle la conscience au repos. Quand l'homme se décide à agir, on peut dire qu'il étire un bras et trace le rayon du cercle ; puis l'autre bras, voilà le diamètre ; ensuite, il fait un pas en avant, puis un pas en arrière, et c'est un second diamètre qui, avec le premier, forme une croix.[5]

La croix représente l'être qui s'éveille et commence à agir dans les quatre directions de l'espace. Mais bientôt, depuis l'intersection des deux lignes horizontale et verticale, il peut lancer aussi, consciemment, des rayons dans de nouvelles directions. Dans leurs tableaux, certains peintres ont représenté le Christ entouré de rayons, ce qui signifie que, par sa conscience, il est présent et il agit dans toutes les régions de l'univers. Le Christ, principe cosmique, projette sa lumière partout et totalement, il ne laisse aucune place à l'obscurité, il est véritablement la Lampe sainte. Et nous, par notre travail, nous nous approchons de cette lampe, afin d'être un jour capables de porter aussi la lumière en nous et de la diffuser.

Notes

1. Cf. *La prière,* Brochure n° 305.
2. Cf. *La pierre philosophale – des Évangiles aux traités alchimiques*, Coll. Izvor n° 241, chap. VI : « Vous êtes la lumière du monde » et chap. XIV : « L'or du savoir véritable : l'alchimiste et le chercheur d'or ».
3. Cf. *Centres et corps subtils – Aura, plexus solaire, centre Hara, chakras,* Coll. Izvor n° 219, chap. VI : « Les chakras : 2. Ajna et Sahasrara chakras ».
4. Cf. *Regards sur l'invisible,* Coll. Izvor n° 228, chap. III : « L'accès au monde invisible : de Iésod à Tiphéreth » et chap. IV : « La clairvoyance : activité et réceptivité ».
5. Cf. *Le langage des figures géométriques,* Coll. Izvor n° 218, chap. VI : « La croix ».

VI

LE SÉRIEUX, LES LARMES, LE RIRE, LA FÊTE

Au cours d'une journée, vous faites différentes rencontres, vous recevez différentes informations, vous avez différents problèmes à résoudre, et vous ressentez ainsi de multiples impressions, agréables ou pénibles, qui se reflètent nécessairement sur votre humeur. Il est donc naturel de passer du sérieux au rire, du rire à la tristesse ou même aux larmes, et inversement. Chaque état a sa raison d'être, l'essentiel est de le vivre en sachant qu'il y a toujours là quelque chose à comprendre.

Mais que ce soit le sérieux, le rire ou les larmes, chacune de ces manifestations peut avoir des origines et des significations diverses. Celui qui cherche à satisfaire ses intérêts égoïstes a un air sérieux ; mais le sérieux se lit aussi sur le visage de celui qui se demande comment sauver des malheureux. Dans les deux cas on parle de sérieux, mais quelle différence dans l'expression ! Et le rire… Il y a des rires stupides, vulgaires, hypocrites, méchants, mais aussi des rires subtils, francs, pleins d'amour, comme une source qui jaillit. Oui, car la source rit en déversant généreusement l'eau de la vie.

Quant aux larmes, on les associe généralement au chagrin, mais en réalité n'importe quelle émotion peut provoquer des larmes. Et comme les émotions que nous éprouvons sont de toutes sortes, les larmes aussi sont de toutes sortes. Il y a des larmes de tristesse, de colère, de rage, de dépit, et il y a aussi des larmes de joie, d'émerveillement. La poésie, la peinture, la musique peuvent remplir nos yeux de larmes, mais également certaines conduites humaines quand elles sont particulièrement belles et nobles. Et dans leurs récits les mystiques évoquent les larmes provoquées par l'extase.

Dans la mesure où les larmes libèrent une certaine tension intérieure, quelle que soit leur origine, elles sont utiles. Mais évidemment les larmes de joie et d'émerveillement sont les plus bénéfiques. N'essuyez pas ces larmes d'un revers de main, elles sont précieuses. Le Maître Peter Deunov nous conseillait de les recueillir dans un tissu propre et de conserver soigneusement ce tissu, car de telles larmes possèdent un grand pouvoir. Les larmes de dépit, de chagrin, de colère, laissez-les sécher, elles ne sont qu'un peu d'eau salée, mais conservez les larmes qui ont été arrachées aux profondeurs de votre âme.

Les larmes de joie nous réconfortent, nous embellissent, nous rajeunissent. Certaines personnes pensent que ne jamais pleurer, c'est faire preuve de caractère. Non, justement, cela dépend pourquoi on pleure. Il arrive que les fleurs de notre jardin intérieur aient besoin d'être arrosées quand elles commencent à se flétrir ou à se couvrir de poussière. Alors, les larmes les régénèrent et les lavent doucement.

Et de même que les larmes ne marquent pas une faiblesse de caractère, le rire ne signifie pas toujours l'insouciance ou le manque de sérieux. Voir comment le Maître Peter Deunov riait parfois de si bon cœur m'a fait réfléchir ; j'ai compris que le rire agit plus bénéfiquement sur le mental que cette gravité, cette austérité que beaucoup croient être les caractéristiques du sage. Parce qu'il y a dans le rire des énergies vivantes qui nourrissent le cerveau.

Spontanément les enfants rient ou sourient. Avant même de savoir parler, le bébé accueille en riant ses parents et les personnes proches qui se penchent sur son berceau. Et si le rire des enfants est tellement agréable, c'est qu'il est l'expression de la vie, de l'amour. Combien de grands-parents puisent dans le rire des tout petits enfants un peu de cette chaleur qui est en train de les quitter ! Car les enfants sont continuellement traversés par des courants qui contribuent à leur développement physique, affectif, mental. Leurs réservoirs se remplissent d'énergies et leur rire est une explosion de vie.[1]

Le rire est un moyen de communiquer la vie. Lorsque vous riez, les énergies que vous avez accumulées en vous débordent et vous avez besoin de partager quelque chose avec les autres. Chaque fois que vous sentez la vie augmenter en vous, vous ressentez le désir de rencontrer vos amis, de faire de nouvelles connaissances, parce que vous avez quelque chose à donner : le surplus de vie qui est en vous demande à être déversé quelque part, et le rire entre amis est souvent la manifestation de ce besoin de communiquer la vie. Tandis que si les réservoirs sont vides, vous n'avez aucune envie de rire, vous n'avez rien à donner.

En riant, on donne la vie, mais on la reçoit aussi. Observez-vous lorsque vous riez : vous sentez que la vie entre en vous par la région du ventre. Cette relation entre le ventre et la vie est intéressante : le mot *jivot* qui en russe signifie « ventre », signifie « vie » en bulgare. La vie vient du ventre et par le rire on intensifie la vie qui se diffuse alors dans tout l'organisme : les poumons, le cœur fonctionnent mieux. Et même le cerveau : cette détente que provoque le rire donne de la souplesse au cerveau, elle agit bénéfiquement sur l'activité de la pensée, même la mémoire s'améliore.

Rire permet de rebondir comme une balle. Il y a des événements qui ne prêtent d'abord pas à rire, mais il est plus facile de les supporter si on s'est habitué à voir le côté comique de certaines situations au lieu de les prendre exagérément au sérieux. Alors, ne vous privez jamais de ce moyen puissant qu'est le rire pour maintenir votre équilibre intérieur, rendre l'existence plus légère. Ce n'est pas parce qu'on a des raisons d'être contrarié, triste, découragé, qu'on doit accepter de rester dans cet état.[2]

Moi aussi, souvent, je sens le poids de l'existence et je suis obligé de me surveiller pour que la balance ne penche pas du côté négatif, pour que la vie ne perde pas ses couleurs. Il y a des moments où vraiment je n'ai aucune envie de rire, mais qu'est-ce que je fais ? Souvent je fais appel à Nastradine Hodja, je me souviens de ses aventures, de ses paroles, dont on ne sait pas toujours si elles sont sages ou insensées, et c'est aussi de cette façon que je remédie.*

Je ne peux pas nier que la vie quotidienne impose toutes sortes de tensions : dans les familles, au travail, dans la société, que d'obligations, de soucis, de déceptions, de tristesses ! Et à chaque fois, que d'énergies chacun est obligé de comprimer en soi pour faire face et supporter ! Ces énergies, on a besoin de temps à autre de les libérer.

* En 1396, la Bulgarie fut annexée par l'empire ottoman et resta sous sa domination jusqu'en 1878, aussi sa culture a-t-elle reçu l'influence de l'Islam.

Mulla Nasrudin (Nastradine Hodja pour les Bulgares) est le héros, aux multiples facettes, d'un grand nombre d'anecdotes humoristiques destinées à illustrer certains aspects de la doctrine soufie. Voir Idries Shah : « Les exploits de l'incomparable Mulla Nasrudin ». Le Courrier du Livre.

Les Initiés l'avaient bien compris ; c'est pourquoi, aussi loin qu'on remonte dans le temps, ils avaient institué des fêtes populaires à certains moments de l'année correspondant à des configurations astronomiques. Même les fêtes chrétiennes ne sont, pour la plupart, que la survivance, sous une autre forme et avec une autre signification, d'antiques fêtes païennes.[3] À l'approche de ces fêtes, on organise des réjouissances : on amasse des victuailles, on prépare des décorations, des vêtements de fête ou même des déguisements.

Les Initiés ont-ils institué ces fêtes seulement pour que les humains s'amusent ? Non, leurs intentions étaient d'abord d'introduire une pause, d'interrompre le rythme du travail qui, à cette époque, était continu, harassant, car on ignorait alors les vacances et les congés. Ces Initiés voulaient délivrer, au moins pour un moment, la conscience de tant d'hommes et de femmes accablés par des tâches qui les usaient et détruisaient leur santé ; ils voulaient créer des soupapes qui libèrent leurs énergies psychiques comprimées. Or, les fêtes, avec les chants, les danses, les jeux, les rires, les rencontres, permettent cette libération, et elles créent aussi un climat fraternel par lequel chacun se sent porté, soutenu.

Mais avec ces fêtes les Initiés avaient encore un autre but : ils voulaient amener les humains à rechercher dans des régions plus subtiles des énergies pour régénérer et vivifier leur cœur et leur âme. Dans cette atmosphère d'échanges joyeux, bienfaisants, les entités lumineuses viennent puiser des énergies et elles s'en servent ensuite pour continuer leur travail à travers le monde. Voulez-vous les aider dans ce travail ? Vous-même, consciemment, confiez-leur votre joie, toute cette richesse spirituelle que vous procure une fête, afin que d'autres en bénéficient. Cette joie, cette richesse vous reviendront encore amplifiées.

Voilà comment, dans leur sagesse, les Initiés conçoivent la fête. Car s'il est vrai que la sagesse est grave, elle est gaie aussi. Le jour où vous le comprendrez, vous sentirez que l'énergie que vous puisez dans la gaieté alimente les réservoirs de votre gravité. Alors, combien de possibilités nouvelles vous seront données pour vous réjouir de la richesse et du sens de la vie !

Notes

1. Cf. *Le grain de sénevé,* Œuvres complètes, t. 4, chap. VII : « L'enfant et le vieillard ».
2. Cf. *« Connais-toi toi-même » – Jnani yoga,* Œuvres complètes, t. 18, chap. VIII : « L'amour », partie III.
3. Cf. *Les fruits de l'Arbre de vie,* Œuvres complètes, t. 32, chap. XVII : « Les fêtes cardinales ».

VII

LA LAMPE DU SAGE EST PLEINE DE GAIETÉ

Une souffrance, une situation intérieure inextricable ont souvent pour origine un petit détail sans importance, mais comme vous n'y aviez pas pris garde, ce détail a fini par tout bloquer en vous. Un peu d'humidité, un cheveu, une poussière, et voilà un appareil qui tombe en panne. Les différentes pièces de cet appareil sont toujours là, pas une ne manque, mais voilà qu'il ne marche plus. Et vous, vous avez toujours votre esprit, votre âme, votre intellect, votre cœur, votre corps physique, mais vous vous sentez découragé, anéanti, perdu, et tout ça à cause d'une petite poussière ! Alors, que faire ? Dès qu'une poussière apparaît, soufflez dessus et tout rentrera dans l'ordre.

Vous direz : « Souffler ?... Mais comment souffler ? » Dans notre Fraternité de Bulgarie, quand des frères ou des sœurs venaient auprès du Maître Peter Deunov pour lui raconter leurs malheurs, parfois il se mettait à rire, et ce rire était si communicatif que, quelques secondes après, eux aussi riaient. Le rire du Maître leur faisait du bien, car c'était le rire d'un sage. Eh oui, rire est une manière de souffler. Mais vous, bien sûr, quand quelqu'un vient vous parler de ses difficultés, de ses chagrins, je ne vous conseille pas tellement d'appliquer cette méthode. Pourquoi ? Parce que votre rire n'est peut-être pas encore celui du sage.

Et qu'a-t-il de si particulier, ce rire du sage ? C'est le rire de la liberté. Ce que le sage a compris l'a débarrassé des fardeaux inutiles de l'existence, il a dépassé en lui ces régions des nuages et de la poussière en lui que sont le plan astral et le plan mental inférieur, pour s'élever jusqu'aux régions où brille un éternel soleil.

Et cette sagesse qu'il a conquise au prix de tant d'efforts, le sage n'a pas d'autre souhait que de la transmettre à ceux qui vivent auprès de lui ou qui viennent le visiter. Mais que de temps il faut pour communiquer aux êtres ce que l'on a soi-même compris ! La seule chose que le sage peut donc communiquer immédiatement, c'est la joie qu'il puise dans cette sagesse, cette joie qui remplit son cœur, qui déborde de son cœur, et le rire est l'expression de cette joie qu'on peut aussi appeler amour. À cause de cette joie, de cet amour qui viennent jusqu'à eux, les humains sont obligés de réfléchir. Au moins se demandent-ils par quel cheminement ils pourraient, eux aussi, atteindre cet état de conscience.

Évidemment, il y aurait beaucoup de choses à dire sur le rire et sa signification. Des philosophes se sont penchés sur ce sujet : Aristote, Descartes, Bergson, par exemple. Certaines personnes ont fait remarquer que, dans les Évangiles, il est mentionné que Jésus a pleuré et jamais qu'il a ri. Mais que connaît-on réellement de la vie de Jésus ?… Quant aux moralistes, depuis des siècles ils ont dit et répété que « le sage ne rit qu'en tremblant ». Pourquoi ? Parce que le rire, qui est très souvent synonyme de moquerie, d'irrespect, de mépris, peut devenir une arme dangereuse.

D'ailleurs, on le voit, de plus en plus à l'heure actuelle des humoristes font rire le monde entier en se moquant de tout et de tout le monde, et particulièrement des gens en vue, depuis les hommes politiques jusqu'aux membres du clergé. Et sous prétexte que le clergé peut être ridicule, on en profite pour ridiculiser aussi la religion. Ceux qui le font et ceux qui les encouragent en applaudissant ne se rendent pas compte des effets déplorables d'une telle attitude. On efface ainsi tout ce qui est sacré, tout ce qui mérite d'être estimé et respecté. Chacun se met à penser qu'il a le droit de tourner n'importe quoi et n'importe qui en ridicule, cela lui donne un sentiment de supériorité.

Vous direz : « Mais on sait que tout cela n'est qu'un jeu. » Peut-être, mais il reste cependant quelque chose qui n'est bon pour personne. Même pas pour ceux qui se moquent, car souvent ils ridiculisent des êtres qui, même imparfaits, leur sont supérieurs. Alors, que croient-ils gagner ainsi ?… à part de l'argent, bien sûr. Comment ne se rendent-ils pas compte qu'ils sont aussi en train de détruire quelque chose en eux-mêmes ?

Et que dire des effets nocifs de cette attitude pour l'éducation des enfants ? Pour leur bon développement, les enfants ont besoin de respecter les adultes. Et si on leur montre continuellement combien leurs parents, leurs professeurs et les gouvernants de leur pays sont des êtres ridicules et grotesques, on ne doit pas s'étonner ensuite qu'ils ne respectent plus rien. Et ensuite on se plaint : « Ces adolescents sont insupportables, quelle insolence ! Regardez comment ils se permettent de rire au nez des adultes ! » Mais à qui la faute ? Qui leur a donné l'exemple ?[1]

Les gestes, les attitudes, les paroles sont autant d'occasions où chacun peut se trouver dans une situation ridicule. Quelqu'un qui bafouille, qui emploie un mot pour un autre, qui commet une maladresse, qui trébuche, et tout le monde rit. Après avoir ri, on se sent bien, mais comment se sent celui dont on a ri ? Seul celui qui se trouve ridicule a le droit de rire de lui-même ; les autres devraient se montrer un peu plus réservés. Quant à ceux qui se moquent de personnes atteintes d'infirmités, ça, vraiment, c'est criminel, et la Justice divine se montre implacable. Personne n'est à l'abri d'un accident, et celui qui se moque ainsi des autres se lie karmiquement à eux : sans le savoir il attire sur lui des courants nocifs dont il sera un jour victime.

Rien, parfois, ne peut être plus blessant qu'une moquerie. Des femmes ne se sont jamais guéries de plaisanteries dont elles ont été l'objet dans leur enfance : parce qu'elles étaient trop maigres, ou trop grosses surtout, dans leur famille, à l'école, on leur donnait toutes sortes de surnoms. Beaucoup m'ont fait des confidences. Combien de personnes préféreraient recevoir des coups plutôt que des moqueries ! Seulement voilà : les coups sont punis par la loi, tandis que le premier énergumène venu peut ridiculiser publiquement les hommes et les femmes les plus respectables sans être inquiété. Alors, de plus en plus, pour nuire aux gens on se moque d'eux. Dans ce domaine, tout est permis, on peut même les blesser mortellement par ses sarcasmes, aucun tribunal ne prononcera de condamnation. Et en plus, la foule rit et applaudit. Voilà pourquoi il est dit que le sage ne rit qu'en tremblant.

Et pourtant la vraie sagesse n'est ni triste ni morose, comme beaucoup l'imaginent, parce que dans la vraie sagesse il y a aussi de l'amour : le cœur et l'intellect travaillent ensemble. La lampe du sage ne projette pas uniquement la lumière froide de l'intellect qui raisonne, qui relève et souligne les moindres imperfections ; elle brille, mais en même temps elle répand la chaleur, l'amour, et c'est pourquoi elle est gaie. Oui, la lampe du sage est pleine de gaieté. Comme le soleil. Objectivement, le soleil qui brille dans le ciel n'a que l'apparence d'une boule de feu, mais alors pourquoi les enfants qui le dessinent lui font-ils un large sourire ? Instinctivement, les enfants ont compris quelque chose de très important : dans la lumière du soleil ils sentent qu'il y a de la gaieté. Comme il y a aussi de la gaieté dans la flamme dansante d'une lampe.

Mais par combien de souffrances et de tourments doit passer un être humain, combien de luttes intérieures il doit mener pour goûter cette joie de la lumière, ce sentiment qu'il éprouve quand tous les conflits qui le déchirent ont été réglés dans l'harmonie ![2] Et son rire alors est celui de la victoire : il est parvenu à s'élever au-dessus des éléments déchaînés et à les apaiser. Voilà ce que signifie le rire du sage, et c'est pourquoi par son rire il peut réconforter les êtres qui souffrent. Il m'arrive de repenser au rire du Maître Peter Deunov : il riait comme un enfant, et parfois même les larmes lui montaient aux yeux. Quand il riait ainsi, on le sentait tellement proche, amical, fraternel !

Le rire du sage est la manifestation d'un être qui s'est libéré. Pourquoi les humains continuent-ils à se fabriquer des limitations et des charges inutiles ? C'est parce qu'ils s'enfoncent dans la matière qu'ils perdent leur gaieté. Tous les fardeaux qu'ils ont entassés pèsent sur leur cœur. Qu'ils s'en débarrassent et la gaieté reviendra.

Beaucoup de voyageurs visitant des pays très pauvres sont souvent étonnés de découvrir une population souriante, alors que dans les pays prospères les gens ont une mine sombre. Eh bien, oui, contrairement à ce qu'on peut imaginer, l'abondance matérielle ne rend pas les gens plus gais. Tout ce monde artificiel qu'ils se sont fabriqué, ils en sont maintenant les prisonniers. Les choses sont allées si loin, l'économie, la finance, les affaires occupent une telle place qu'on ne voit pas comment sortir de cet engrenage, et pendant que les affaires prospèrent, soi-disant, les humains eux périclitent.

Évidemment, quand ils doivent apparaître en public, les responsables de toutes sortes s'efforcent de montrer un visage ouvert et même souriant. Ils savent qu'il faut faire croire que tout va bien : la vie est belle ! Mais souvent il y a dans cette attitude quelque chose d'artificiel qui ne rassure pas les gens un tout petit peu perspicaces ; bien au contraire, ils sentent qu'on leur ment, ils ont même l'impression qu'on se moque d'eux. Par l'expression de son visage, par son regard, par son sourire chacun de nous transmet la vie. Mais cette vie doit être authentique, elle doit venir de l'intérieur, on ne peut pas faire semblant. Rien ne peut remplacer le travail spirituel, le travail sur soi-même pour créer cette vie qui rassure, apaise, encourage les êtres. Chez le sage, tout se fait naturellement. Comment la lumière intérieure ne trouverait-elle pas la meilleure façon de s'exprimer ?

Et vous maintenant, que devez-vous faire si quelqu'un vient vous parler de ses déceptions, de ses chagrins ? En attendant d'être capable, comme le sage, de rire pour les apaiser, sachez au moins une chose : souvent, la personne qui vous confie sa souffrance, le fait moins pour trouver une solution que pour vous amener à partager son état. Et alors ? Si vous vous laissez envahir par ses malaises, vous ne l'aidez pas, car vous êtes paralysé et vous risquez de vous enfoncer avec elle. Si vous voulez aider quelqu'un, ne permettez pas que son trouble pénètre en vous. Restez lucide, paisible, solide, c'est la seule manière de le tirer de là. Vous dites qu'il sera mécontent que vous ne participiez pas à ses malheurs. C'est possible, mais cela ne doit pas vous inquiéter.

Soyez conscient du fait qu'en accompagnant les humains dans leurs états négatifs, vous ne pouvez satisfaire que leur nature inférieure. Et la satisfaction de la nature inférieure ne dure pas longtemps, car elle est insatiable : un véritable gouffre. Par votre sympathie, votre compassion, vous croyez pouvoir apporter l'apaisement à une personne, mais peu de temps après les malaises, les plaintes recommencent, et ça peut continuer ainsi toute la vie. Cette personne sera satisfaite que vous soyez toujours là prêt à partager sa souffrance, mais elle n'ira pas mieux pour autant. Et vous, dans quel état serez-vous ?

Un enfant tombe et se blesse. Si vous lui dites : « Oh ! mon pauvre chéri, tu t'es fait mal… », et que vous preniez une mine consternée, cela ne fera que redoubler ses cris. Mais si vous lui dites : « Relève-toi, ce n'est rien, va continuer à jouer », il se calme très vite. Les humains sont comme les enfants, on ne doit pas encourager leurs faiblesses et leurs états négatifs.

Si un de vos amis a une dent gâtée, vous n'avez pas la bonté stupide de vous lamenter avec lui : vous lui conseillez de se faire soigner la dent, sinon il finira par perdre toute sa mâchoire. Eh bien, psychiquement aussi, il y a quelques dents à soigner… ou à arracher ! C'est ce que comprend le véritable amour. Cet amour est inconnu de la majorité des humains : la tradition est de plaindre celui qui souffre et de pleurer avec lui. Eh non, vous devez l'aider à redresser la situation en opposant une résistance à son découragement. Et s'il est vexé, tant pis, restez ferme en affirmant la puissance de la lumière. C'est le seul moyen de faire quelque chose pour lui.

Vous direz : « Mais si, malgré cette attitude, je n'arrive pas à l'aider ? » Eh bien, c'est que vous ne pouvez rien pour lui. Cela arrive. Il y a des êtres qu'on ne peut pas aider, parce qu'ils entretiennent en eux un état qui empêche qu'on les aide. Mais sachez, malgré tout, que vous n'avez pas perdu votre peine. D'abord, au lieu de vous laisser engloutir, vous vous êtes renforcé, et cette force que vous avez acquise, vous pourrez l'employer pour aider d'autres personnes. Ne vous inquiétez pas, vous trouverez toujours quelqu'un qui sera capable de recevoir et d'apprécier ce que vous faites pour lui.

Maintenant, la vérité, c'est que vous n'arrivez à aider les autres dans leurs difficultés, leurs chagrins, que si vous avez déjà appris vous-même à surmonter les vôtres. Combien de gens parlent aux autres de patience, de courage, et eux-mêmes ne cessent de se plaindre et de pleurnicher pour tout et pour rien ! Même si vous avez des raisons sérieuses d'être peiné, inquiet, bouleversé, efforcez-vous d'abord de vous ressaisir. Car souvent, des soucis, des déceptions prennent des proportions démesurées simplement parce qu'on n'a pas su tout de suite considérer certains événements pour ce qu'ils sont : des incidents sans grande gravité.[3]

En allant tout de suite raconter aux autres pourquoi vous êtes malheureux, irrité, vous les accablez sans pour autant résoudre vos problèmes. Alors que si, au contraire, vous vous dites : « Je vais aller marcher un peu pour me changer les idées, ou bien écouter de la musique, méditer, prier », il se fait tout un travail intérieur qui a pour conséquence de vous délivrer de vos peines. En pensant à protéger les autres, c'est vous aussi que vous protégez. Et puis ne croyez-vous pas que c'est le moment d'apprendre à rire un peu de vos petits malheurs ? En attendant de pouvoir aider vos amis par votre rire, cherchez s'il ne serait pas quelquefois une solution à vos problèmes.

Se promener avec ses soucis, ses chagrins inscrits sur le visage est un manque d'amour, c'est un fardeau que l'on place sur les épaules des autres. Vous trouvez que le monde n'est pas assez triste ? Pourquoi lui ajouter votre propre tristesse ? Ne demandez du secours que si vraiment, après avoir fait tous les efforts possibles, vous n'arrivez pas à surmonter vos peines. Avant d'empoisonner vingt personnes au téléphone pour leur raconter vos malheurs, commencez par lutter vous-même avec tous les moyens que vous donne un enseignement spirituel.

Bien sûr, l'existence nous apporte chaque jour des sujets de tristesse et de contrariété, il est impossible de ne pas le ressentir, mais pourquoi le montrer ? Vous direz : « Mais comment ne pas montrer ce que l'on ressent ? » Quand vous rencontrez quelqu'un, vous ne pouvez pas faire l'effort de trouver un sujet de conversation ou même une anecdote amusante qui lui fasse du bien ? Riez ensemble ! En lui faisant du bien à lui, vous vous ferez aussi du bien à vous, car ce qu'il ressentira reviendra vers vous. Mais oui, là aussi agit la loi de l'écho dont je vous ai déjà souvent expliqué les correspondances dans la vie spirituelle.[4]

Notes

1. Cf. *La pédagogie initiatique,* Œuvres complètes, t. 27, chap. III : « Éducation et instruction. La puissance de l'exemple »
2. Cf. *Aux sources inaltérables de la joie,* Coll. Izvor n° 242, chap. XVII : « Le long chemin vers la joie ».
3. Cf. *Nature humaine et nature divine,* Coll. Izvor n° 213, chap. X : « Comment favoriser les manifestations de la nature supérieure en soi et chez les autres ».
4. Cf. *Le Livre de la Magie divine,* Coll. Izvor n° 226, chap. XI : « Trois grandes lois magiques : 3. la loi du choc en retour ».

VIII

LANGUE DE FER ET LANGUE D’OR

Beaucoup de gens, lorsqu'ils se rencontrent, n'ont rien de particulier à se dire, mais il suffit que le nom de telle ou telle personne soit prononcé pour qu'immédiatement ils trouvent là un sujet inépuisable de commentaires, et ces commentaires sont rarement inspirés par l'indulgence ou la compréhension. Au bout d'un moment ils se quittent, mais c'est pour recommencer plus loin. « Un tel, vous ne savez pas ce qu'il a fait ? » Et voilà la même histoire racontée avec quelques détails supplémentaires, car les humains ont naturellement tendance à l'amplification, et le monde est ainsi rempli d'amplificateurs, surtout quand il s'agit de rapporter des histoires scabreuses. Ces histoires, ils les accommodent en y ajoutant un peu d'une sauce tout à fait spéciale qui rend le plat de plus en plus indigeste. Mais plus ce plat est indigeste, plus il y a d'amateurs pour s'en régaler. Et voilà comment on empoisonne l'atmosphère.

Il y aurait beaucoup à dire sur les effets de la parole : comment elle crée des formes, comment elle agit sur les organes psychiques et physiques non seulement de ceux qu'elle mentionne, mais aussi de ceux qui la prononcent et de ceux qui l'entendent.[1] Savoir être juste, mesuré, précis dans ses paroles est une des plus grandes qualités qui existent.

Comme on écrit avec une plume, on écrit avec la langue. Chaque parole est déjà une lettre que l'on adresse non seulement aux êtres humains, mais à toutes les entités qui peuplent la nature. Quelles que soient les créatures, il faut s'efforcer de leur parler avec une langue d'or. Oui, car la langue des humains peut être de diverses matières : plomb, cuivre, fer, étain, argent, or… Vous avez entendu parler de ce saint Jean appelé « Chrysostome », ce qui signifie « Bouche d'Or » (nous disons en bulgare « svéti Ivan Zlatoust »). Et pourquoi ? Parce que de sa bouche sortaient des paroles qui éclairaient et apaisaient les âmes.

La parole, le choix des mots, le déroulement d'une explication, c'est tout un art. Je me souviens de la façon dont parlait le Maître Peter Deunov. Souvent, quand on lui posait une question, il attendait un instant, faisait un simple geste de la main pour marquer qu'il avait entendu, murmurait quelques mots imperceptibles comme s'il se parlait à lui-même, puis il répondait. Alors, je me disais : « Si lui, qui saurait nous répondre avant même que nous l'interrogions, attend ainsi quelques secondes pour choisir les arguments et peser ses mots, combien plus nous devons, nous, être prudents ! »

Quelqu'un vous dérange, vous déplait ou vous paraît critiquable, cela vous donne-t-il le droit de le couper en morceaux ? Est-ce que vous avez pensé qu'il plaît peut-être au Créateur et aussi aux anges qui l'accompagnent et le protègent ? Est-ce que vous leur avez demandé leur opinion ?... Les humains sont imparfaits, c'est entendu, cette imperfection fait partie de leur nature. Mais sachez que, comme vous, ils sont sur le chemin de l'évolution, et même si vous ne distinguez pas encore ce qu'ils deviendront dans l'avenir, ce n'est pas une raison pour souligner sans cesse leurs lacunes, leurs faiblesses et ne voir qu'elles.

On entend des gens se prononcer sur tout et sur tout le monde. Ils ont un jugement faux, des goûts pervertis, mais qu'importe ? Rien ne les arrête. Qu'ils se demandent enfin s'il ne peut pas y avoir des points de vue plus objectifs, plus justes. Ils continueront à critiquer s'ils y tiennent tellement, mais au moins ils seront de temps à autre traversés par un doute bénéfique et ils se diront : « C'est ainsi que je vois les êtres et les choses, mais peut-être qu'il y a une meilleure façon de voir. »

Lorsque vous avez à vous prononcer sur quelqu'un, vous devez le faire avec une extrême délicatesse afin de ne pas l'abîmer ou nuire à son âme. Et si par mégarde vous le blessez, efforcez-vous de réparer ce mal, sinon cela restera comme une dette que vous avez contractée à son égard. Tout est pris en note dans le monde subtil.[2] Combien il faut être prudent, quand on doit se prononcer sur une âme humaine ou s'adresser à elle ! Une âme est une entité riche et profonde que Dieu a créée avec une immense sagesse, et si nous la traitons sans respect, le Ciel nous considère comme des malfaiteurs. Cette délicatesse nécessaire à l'approche des âmes, je l'avais aussi observée chez le Maître Peter Deunov. Alors, vous, de quel droit les secouez-vous brutalement ?

Mais si on demande aux humains de faire preuve de délicatesse envers les autres, ils sont persuadés qu'on les empêche de s'affirmer, parce que, pour eux, s'affirmer, avoir du caractère, consiste non seulement à mettre le doigt sur les faiblesses et les erreurs des autres, mais à en faire part au monde entier. En agissant ainsi, ils ne font que révéler leur misère intérieure. Comment ne se rendent-ils pas compte des effets négatifs de cette attitude sur tout le reste de leur comportement, et jusque dans leur compréhension de l'existence ? Ils se coupent des courants harmonieux de la vie et, peu à peu, la nature se ferme à eux. Ils ne savent même plus comment prendre et regarder une fleur. Oui, cela aussi je l'ai observé : rien que la manière dont quelqu'un prend une fleur me révèle où il en est intérieurement.

Autant il est utile d'y voir clair sur les êtres, autant il est inutile et même nuisible de s'attarder sur leurs défauts. Une fois qu'on a vu, qu'on a compris, il ne faut pas en rester là, mais passer rapidement à quelque chose de constructif. Le sage ne perd pas son temps et ses énergies à remuer des ordures... Ce n'est pas que je sois totalement opposé à la critique, pas du tout. Seulement, pour pouvoir critiquer, il faut connaître certaines règles et les appliquer.

D'après les lois de la morale cosmique, nous n'avons le droit de critiquer chez les autres que les faiblesses que nous avons nous-mêmes réussi à vaincre. C'est pourquoi, tandis que les humains applaudissent la lucidité, la perspicacité de certains, souvent la Justice divine, elle, les condamne. Sur ce point, les lois de la morale cosmique sont très sévères. Chaque fois que vous portez un jugement négatif sur quelqu'un, vous êtes vous-même jugé. Et par qui ? Par votre conscience, votre tribunal intérieur. Tous ceux qui en sont encore à imaginer la Justice divine comme une instance extérieure à eux – Dieu ou ses anges qui vont les récompenser ou les punir – se trompent. Le vrai tribunal est en nous et il fonctionne jour et nuit. À chaque faute nous perdons quelque chose de précieux, et chaque acte bon et juste nous apporte la paix, la lumière, la joie.

Au moment où vous soulignez un défaut chez les autres, une voix s'élève en vous pour vous demander : « Et toi, qui te prononces ainsi, tu es sûr que d'une manière ou d'une autre tu n'as pas aussi ce défaut ?… Donc, à cette faiblesse dont tu es déjà coupable, tu ajoutes le manque d'indulgence, le manque d'amour. Dans ton cœur, dans ton âme, tu es en train de perdre quelque chose. » Et savez-vous quel est le jugement, la punition infligée à celui qui juge les autres alors qu'il n'en a pas le droit ? Des lumières le quittent. Certains diront : « Mais cette voix, nous ne l'avons jamais entendue ! » Évidemment, parce qu'ils ont tout fait pour devenir sourds. Vous connaissez le proverbe : « Il n'est pire sourd que celui qui ne veut pas entendre. » À force de refuser d'entendre la voix intérieure, on devient réellement sourd.

Celui qui se laisse aller à la critique se trouve, quelques années après, appauvri, amoindri, dépouillé. Et il perd aussi la confiance qu'on lui portait, car même si elles l'écoutent, les personnes devant qui il profère ces critiques se disent : « S'il parle ainsi de tel ou tel, c'est qu'il est capable de me démolir et de me trahir moi aussi. » La médisance modifie le regard, l'expression, la voix, la couleur de la peau ; même les gens les plus obtus sentent quelque chose de désagréable et s'éloignent. Celui qui prend plaisir à la critique distille un poison qui s'introduit lentement dans les autres, et ceux-ci font leur possible pour y échapper. Donc, il perd ses amis et rien n'est pire que de perdre la confiance, l'amitié et l'amour. Analysez-vous : ce à quoi vous aspirez le plus profondément, n'est-ce pas l'amour ?

Pour le moment, telle personne ne vous plaît pas, mais si vous savez mieux comment la regarder, peut-être que quelque chose en elle finira par vous plaire. L'existence est tellement riche d'occasions nouvelles ! Dans certaines circonstances, ceux qui vous déplaisaient peuvent devenir vos amis. Alors ne gâchez pas ces possibilités.

Pourquoi cette tendance générale des humains à souligner les lacunes, les erreurs ? Elles existent, c'est vrai, on ne peut pas ne pas les voir. Mais on a plus de chances d'améliorer une situation si on se concentre davantage sur le bien que sur le mal. Plutôt que de critiquer ce qui est défectueux chez les êtres, arrêtez-vous sur les bonnes choses pour voir comment elles peuvent encore être améliorées. Et même n'auraient-ils qu'une seule qualité, accrochez-vous à elle. Laissez de côté leurs défauts, et aidez-les à développer leurs qualités.

Apprenez à regarder tout ce qui vous entoure avec sympathie et reconnaissance, même les objets. Oui, même les objets, car ils vous rendent tellement de services ! Parce qu'ils sont matériels, vous les croyez insensibles, alors vous les heurtez, vous les bousculez, et c'est ainsi que vous devenez négligent, grossier… et vous agissez ensuite de la même manière avec les êtres vivants.[3] Eh oui, le respect, la considération commencent par l'attention accordée à de toutes petites choses.

On doit toujours s'arrêter sur le bon côté d'un être et dire : « Dieu habite son âme, je ne m'occuperai pas des animaux qui rôdent tout autour. » Qui n'a pas de fauves en lui ? Chez certains, ces fauves sont en cage ou chloroformés, mais ils sont là. Si on n'entend pas tellement de rugissements, c'est qu'ils ont été mis à la diète et se sont affaiblis ; mais qu'on les nourrisse un peu, et on verra tous les ravages qu'ils sont capables de faire.

Pourquoi s'acharner sur des hommes et des femmes qui se débattent au milieu de tant de difficultés ? Le plus extraordinaire, c'est qu'en les critiquant on croit faire preuve de sagesse mais aussi d'amour : on veut soi-disant les amener à se corriger ! Mais la sagesse ce n'est pas cela, et l'amour non plus. Aimer les êtres, c'est justement comprendre leurs difficultés et agir avec délicatesse afin d'alléger leurs souffrances. Or la critique, au contraire, égratigne, griffe, blesse : ce n'est pas une langue d'or mais une langue de fer.

Ne dites donc pas que c'est parce que vous aimez telle ou telle personne que vous la déchirez. Non, ceci n'est pas de l'amour, mais du carnage. L'amour ne se tache pas de sang, il est grand et lumineux. Par lui, vous vous liez à Dieu, et Dieu vous conseille des actions belles et utiles.[4]

Qu'est-ce qu'un bon critique ? Un bon jardinier qui sait tailler les arbres, les redresser, les débarrasser des chenilles et des insectes nuisibles. Il préserve ce qui est bon, et voilà bientôt des fleurs et des fruits magnifiques. Eh oui, critiquer est un art qui consiste à retirer, à couper à bon escient ; sinon il ne reste plus rien, et alors où est la sagesse ?

Le mal est installé en chaque être humain sous de nombreuses formes, et avant de chercher à l'extirper chez les autres, commencez par voir comment vous pourrez le neutraliser en vous, car vous avez tout de même plus de moyens d'agir sur vous-même que sur les autres. Et si vous n'arrivez pas à fermer les yeux sur eux, au moins détournez un peu votre regard de leurs défauts, cherchez à discerner leurs qualités et à les imiter.

Ne me dites pas que chez toutes les personnes sur qui vous vous permettez de faire des observations, vous n'avez pas noté au moins une qualité : un don artistique, le goût de l'ordre et de la propreté, le sérieux dans le travail, la fidélité, etc. Les domaines ne manquent pas où les humains peuvent utilement ou agréablement se manifester. Eh bien, pour chacun concentrez-vous au moins sur une qualité, et cherchez même comment vous pouvez l'aider à la développer. Ce sera plus profitable et pour lui et pour vous. Sinon, vous allez aggraver sa situation et la vôtre.

L'évolution de chaque être contribue à l'évolution de tous. Plus vous avancez, plus vous entraînez les autres. Le comportement de chacun réagit sur le monde entier. La science a découvert la circulation des ondes dans l'espace ; eh bien, les pensées, les sentiments et les actes produisent aussi des ondes qui se propagent. Et si les défauts de certaines personnes vous dérangent tellement, voilà une raison de plus pour vous améliorer et leur envoyer de bonnes pensées.

Il existe un lien magnétique entre les défauts comme entre les qualités, si bien que, lorsque vous vous acharnez à penser aux défauts des autres, à en discuter, vous vous mettez à leur ressembler. Lorsqu'on ne voit que le mauvais côté des êtres, non seulement on l'attire, mais on l'amplifie en soi-même. Alors, si vous ne voulez pas voir apparaître chez vous tel trait de caractère, tel comportement qui vous déplaît chez les autres, ne vous y attardez pas ; sinon le jour viendra où vous ferez comme eux, et même pire qu'eux.

Critiquer est pour moi un fardeau. Je n'aime pas me surcharger. C'est pourquoi je ne souhaite pas me mêler de vos affaires personnelles. J'aime vous parler de toutes les belles et bonnes choses qui vous attendent si vous marchez sur le chemin de la lumière.[5] Cela me pèse de vous faire remarquer combien de fois vous quittez ce chemin pour aller marcher sur d'autres sentiers apparemment plus agréables, mais sur lesquels vous vous perdrez. Et s'il arrive que j'y sois obligé, je prends des précautions. Avez-vous remarqué la manière dont j'agis lorsque je suis obligé de dire une chose négative ? Je termine toujours en parlant du côté positif pour neutraliser le négatif. Agissez de même : il faut toujours terminer par le bien, parce que c'est le bien qui en définitive sera le vainqueur.

Je me suis tellement appliqué à découvrir le bon côté des êtres que je constate toujours chez eux des vertus que personne d'autre ne remarque. Et c'est moi qui y gagne ! Et quand je vois un défaut chez eux, j'agis à la manière d'un peintre : je considère que ce défaut est comme une tache sur la toile d'un tableau. Alors je prends un pinceau et je transforme cette tache, j'en fais un élément qui entre dans la composition du tableau. Ceux qui le voient s'exclament : « Mon Dieu, que c'est original ! Pourquoi ce détail se trouve-t-il ainsi placé ? » C'est ainsi, tout a été calculé.

Comment tirer parti des bizarreries humaines ?... Neutraliser les défauts des êtres en les faisant entrer dans un dessein plus général, c'est évidemment tout un art. Eh bien, c'est à cet art que nous nous exerçons dans cette école de la Fraternité Blanche Universelle. Toutes les imperfections des uns et des autres, il faut les ajuster, car c'est cet ajustement de tant d'éléments disparates qui contribue à créer la nouvelle vie.

Alors, décidez-vous aujourd'hui à vous mettre sur les bancs de l'école. Asseyez-vous, sortez vos cahiers et commencez à étudier. Vous dites : « Mais les autres ! » Oui, les autres sont là, ils existent, vous les voyez, vous les entendez, mais oubliez-les un peu. Chacun passera des examens, et quand vous les passerez, on verra ce que vous avez appris, retenu et surtout appliqué. Ce n'est pas moi qui vous ferai passer les examens, c'est la vie. Et la vie est implacable, vous ne pourrez pas l'amadouer en lui racontant des histoires sur tel ou tel qui vous a dérangé ou vous a empêché de réaliser tous vos bons projets.

Le sage ne se plaint pas des défauts et des faiblesses qu'il observe chez les autres. Il ne les critique pas, il ne les combat pas ; il s'efforce, en les supportant, de transformer ces défauts en lui-même, car cette transformation produit une énergie qu'il peut renvoyer ensuite sous forme de lumière. C'est ainsi qu'il travaille pour l'avènement du Royaume de Dieu.

Notes

1. Cf. *Le Livre de la Magie divine,* Coll. Izvor n° 226, chap. IV : « La parole magique ».
2. Cf. *Les mystères de Iésod – Les fondements de la vie spirituelle,* Œuvres complètes, t. 7, Partie II, chap. VIII : « La pureté dans la parole ».
3. Cf. *Le Livre de la Magie divine,* Coll. Izvor n° 226, chap. XVII : « Exorciser et consacrer les objets ».
4. Cf. *Le véritable enseignement du Christ,* Coll. Izvor n° 215, chap. VII : « Père, pardonne-leur car ils ne savent ce qu'ils font ».
5. Cf. *Aux sources inaltérables de la joie,* Coll. Izvor n° 242, chap. II : « Se mettre en chemin ».

IX

LA VICTOIRE SUR LA SOUFFRANCE : LE SOURIRE DE DIEU

Le sourire est une manifestation plus difficile à définir que le rire, parce qu'elle est beaucoup plus discrète. Le rire est sonore, et quelquefois même bruyant, la bouche s'ouvre, les yeux se plissent ou même se ferment. Tandis que le sourire est silencieux : un imperceptible mouvement des lèvres avec un léger plissement des yeux.

Le sourire est un des premiers langages de l'enfant, que ses parents et son entourage regardent avec amour. Ce sourire de l'enfant est plein d'innocence et de pureté. Chez l'adulte, il peut devenir ironique, moqueur, hypocrite même. Combien de sourires servent à masquer la colère, le mécontentement, la rancune ou le désir de vengeance ! C'est ainsi que chaque jour tellement de sourires artificiels sont distribués à droite et à gauche. Ce ne sont que des écrans et on le sent.

Chaque sentiment peut s'exprimer par un sourire. Le découragement, le renoncement ou, au contraire, l'espoir et la décision de se remettre au travail, l'abnégation ou le désir de prendre une revanche s'accompagnent parfois de sourires. Mais observez combien chacun est différent ! Le sourire moqueur a quelque chose de grinçant. Le sourire de la sagesse est très subtil, à peine perceptible, mais plein de sens. Et je ne vous dirai rien du sourire de la stupidité.

C'est aussi à leur sourire que l'on peut reconnaître les créatures perverses. Même si elles ont une belle allure, un beau front, des traits fins et réguliers, leur sourire – quelque chose de tordu qui apparaît au coin des lèvres – trahit leur déchéance. Pas souvent, mais il m'est arrivé de rencontrer des êtres pareils, et c'est leur sourire qui m'a révélé leur vraie nature. C'est pourquoi je sais que je ne peux me faire une idée exacte de quelqu'un que si j'ai vu son sourire.

Il y a des sourires par lesquels je me sens captivé. Comme celui de la mère penchée sur son enfant lorsqu'elle le berce ou le nourrit : c'est le sourire de l'amour parfaitement désintéressé ; toute son âme s'épanche dans ce sourire, qui est aussi une nourriture pour son enfant. Et combien de fois aussi j'ai été frappé par le sourire qui peut transformer le visage ingrat ou même laid de certains êtres ! Parce qu'un bon sourire s'accompagne d'un bon regard, ce regard rempli d'amour, de bonté répand sur leur visage une telle lumière que leurs traits physiques semblent fondus : on ne voit plus que cette lumière.

Quelle joie, quel réconfort peut nous apporter le sourire de certains êtres ! C'est comme un cadeau auquel on ne s'attendait pas. Et le sourire du soleil quand il émerge des nuages pour nous envelopper de sa lumière !... Mais le plus beau, le plus souhaité, celui auquel toute notre âme aspire, c'est le sourire que Dieu nous accorde après des souffrances auxquelles nous avions cru ne pas pouvoir survivre. Dès que ce sourire apparaît, l'obscurité, l'angoisse, la peur, les images menaçantes s'effacent, tout s'éclaire et s'harmonise. Ce sourire vaut plus que toutes les richesses et toutes les autres joies de la terre. Aucune violence ne peut le conquérir, mais seuls l'amour, l'espérance et la foi. Il faut souvent attendre très longtemps pour mériter un tel sourire, et c'est la plus grande des récompenses.[1]

Nous pouvons accepter une épreuve, nous pouvons la comprendre, mais en même temps éprouver de l'amertume, de la tristesse, du regret : ç'aurait été tellement mieux de ne pas avoir à la subir ! Dans ce sens on peut dire qu'elle n'est pas encore terminée. Et quand sera-t-elle terminée ? Quand nous serons capables de nous en réjouir. Il est possible qu'en apparence une épreuve ne nous ait rien apporté, mais encore qu'elle nous ait fait perdre beaucoup de choses, et même des êtres qui nous sont chers. Pourtant, nous sentons que notre lumière, notre amour, notre force ont augmenté, et la paix, la joie nous envahissent. C'est cette sensation qui nous dit que le sourire de Dieu s'est enfin posé sur nous.

Recevoir le sourire de leur Père céleste, c'est le souhait qu'un Maître spirituel fait pour ses disciples. Et quand lui-même leur sourit, il cherche à leur apporter quelque chose de ce sourire divin. C'est maintenant que je comprends le sourire qu'avait par moments le Maître Peter Deunov quand il nous regardait. Comment vous décrire ce sourire subtil qui n'était jamais méprisant ? Il exprimait une très grande indulgence avec une nuance d'humour qui semblait dire : « Mes pauvres amis, comment avez-vous pu vous fourrer dans ce pétrin ? Mais tenez bon, rien n'est perdu, vous allez vous tirer de là. » Et il y avait dans ce sourire tellement d'amour et d'encouragement !

Le sourire est déjà un salut, un signe de reconnaissance que nous adressons aux personnes que nous rencontrons avant même de le faire par la parole, aussi devons-nous veiller à ce que nous exprimons par notre sourire. Bien sûr, il ne s'agit pas de se fabriquer un sourire artificiel en s'étudiant dans un miroir. Il faut que ce sourire qui doit exprimer la bonté, la douceur, la compréhension, vienne naturellement de notre cœur, de notre âme.

Nous devons donc descendre dans les profondeurs de notre être pour y chercher le silence, la lumière, et alors les sculpteurs qui sont en nous sauront quels nerfs, quels muscles ils doivent tendre ou détendre. Nous pouvons leur faire confiance, ils sauront travailler sur les lèvres, les yeux, le front, et peu à peu les formes, les expressions de notre visage deviendront plus harmonieuses. Vouloir modifier vous-même votre sourire risque de vous déformer plus qu'autre chose. Travaillez avec l'amour, l'espérance et la foi, et abandonnez-vous à l'inspiration de vos sculpteurs intérieurs.[2]

Notes

1. Cf. *Aux sources inaltérables de la joie,* Coll. Izvor n° 242, chap. III : « L'aiguillon de la souffrance », et chap. IV : « Chercher en soi-même les réponses de Dieu ».
2. Cf. *La foi qui transporte les montagnes,* Coll. Izvor n° 238, chap. I : « La foi, l'espérance et l'amour ».

X

CHAQUE SACRIFICE IMPRIME EN NOUS LA MARQUE DU SOLEIL

Pour être gai il faut être libre, et pour être libre il faut cesser d'accumuler des fardeaux sur ses épaules. À la gaieté s'associe l'idée de légèreté. Et qu'est-ce qui nous rend léger ? L'amour. L'amour réchauffe et dilate notre cœur et alors, comme un ballon qui s'élève dans l'atmosphère, nous devenons légers, c'est-à-dire gais.

La gaieté est une des expressions les plus poétiques de l'amour. Lorsque vous aimez quelqu'un, il suffit que vous entendiez prononcer son nom ou que vous l'aperceviez de loin pour que cela vous rende gai, et votre âme commence à chanter. Vous direz que malheureusement ce n'est pas toujours le cas, et que si cette personne que vous aimez ne vous aime pas, l'apercevoir de loin ou entendre son nom ne peut que vous faire souffrir. C'est vrai, mais alors, c'est que l'amour que vous ressentez pour elle n'est pas encore le véritable amour. Le véritable amour se suffit à lui-même, il n'attend rien, et puisqu'il n'attend rien il reçoit tout.[1]

Aimer sans attendre d'être aimé, mais aussi travailler sans attendre d'être reconnu et récompensé, voilà ce que le sage est parvenu à réaliser, et c'est pourquoi il se sent libre et léger. Il a compris qu'il n'y a pas pire entrave que cette attente d'être aimé ou apprécié pour son travail. On attend, on attend… et cette attente est paralysante, on perd son élan. Or, l'être humain ne peut s'épanouir que dans l'activité, celle de son corps physique mais surtout celle de son cœur, de son intellect, de son âme et de son esprit.

Comment l'humanité a-t-elle pu survivre et se développer sur la terre ? Grâce à l'agriculture. Et en quoi consiste l'agriculture ? À enfouir dans le sol des graines, ou des plants. Avec le temps, une graine produira des centaines d'autres graines et un plant deviendra un arbre couvert de fruits. Ainsi, pour vivre dans l'abondance, il faut au moins commencer par semer une graine, par planter un arbre.

Dans le monde visible comme dans le monde invisible, si vous voulez recevoir l'amour, la lumière, la joie, toutes les bénédictions du Ciel, vous ne devez pas rester inactif, mais aussi semer, planter. Et là, évidemment, les semences et les plants sont d'une autre nature : ce sont des pensées, des sentiments, des actes, des paroles, des regards, des sourires, inspirés par tout ce que vous possédez de meilleur dans votre cœur et dans votre âme. Et en retour, vous recevrez une abondance de fleurs et de fruits.

Ne vous contentez pas de prendre cette image comme quelque chose de joli, de poétique, faites-en la base de votre existence. Comprenez que pour obtenir ce que vous souhaitez, vous devez d'abord avoir vous-même quelque chose à donner. C'est une loi. Là, on peut comparer le monde spirituel à une immense boutique où vous recevrez ce que vous demandez à condition d'avoir une certaine monnaie à présenter en échange. Et la plus sûre des monnaies que vous puissiez présenter devant les esprits célestes, c'est le travail impersonnel, le sacrifice. Le sacrifice est comme l'or qui garde toujours sa valeur, parce que le soleil le protège ; exactement comme une banque nationale protège la monnaie d'un pays.

Chaque sacrifice pour la défense et la manifestation de ce qui est bon et beau, afin que tous les êtres sur la terre puissent en bénéficier, remplit votre cœur et votre âme de cet or qui a cours dans les grands magasins cosmiques. C'est comme si le soleil vous marquait de son sceau. Et du jour où vous portez l'empreinte de ce sceau, vous êtes reconnu par des entités de la lumière ; elles disent : « Cet être est des nôtres, il porte le sceau du soleil, il est notre frère. »[2]

Combien vont protester en disant qu'ils font déjà assez de sacrifices. Mais qu'appellent-ils sacrifices ? Tout en faisant quelques gestes pour aider les autres, ils s'efforcent de ménager leurs intérêts les plus égoïstes. C'est pourquoi leur aide se révèle toujours insuffisante ou inadaptée. On ne peut pas réussir en voulant une chose et son contraire. Il y a toujours un choix à faire entre la générosité et l'égoïsme, les aspirations élevées et les instincts grossiers. Analysez vos gestes, même ceux en apparence les plus généreux : peut-être découvrirez-vous que depuis votre naissance vous n'en avez fait que deux ou trois véritablement désintéressés.

L'Âme universelle entretient la vie chez toutes les créatures, elle les nourrit, les abreuve, elles reçoivent sans arrêt quelque chose de cette abondance. Alors, pourquoi ne pas nous inspirer de cette générosité en nous efforçant de partager avec les autres tout ce que nous possédons ? Jésus disait : *« Vous avez reçu gratuitement, donnez gratuitement. »* Oui, que ce soit la beauté, l'intelligence, la richesse, un don artistique, le savoir, nous devons faire en sorte de les partager avec les autres. Au regard du Ciel qui nous l'a donnée, même la santé est un bien dont nous n'avons pas le droit d'être le seul à bénéficier. De toute chose, nous ne devons prendre qu'une partie : le quart ; oui, ce quart qui revient à la terre, comme je vous l'ai expliqué un jour.[3] Le reste, nous devons en faire bénéficier les autres. Toute autre conduite est contraire à la loi divine et rend impossibles les échanges entre la terre et le Ciel.

C'est la méconnaissance de cette loi qui est pour beaucoup de gens l'origine de l'ennui. Oui, cela vous étonne ? Parce qu'ils ne savent pas utiliser ce qu'ils possèdent, que de gens riches et comblés s'ennuient ! Malgré leurs maisons, leurs parcs, leurs voyages, leurs réceptions, leurs festins, ils s'ennuient. Et l'ennui est parfois le premier pas sur un chemin qui mène au crime.

Même une personne intelligente et sympathique, on ne peut pas se fier à elle si elle fait le plus souvent passer son propre intérêt avant celui des autres. À un moment donné, il se produit forcément quelque événement qui n'entre pas dans ses calculs, et elle se conduit alors d'une façon qui n'est ni intelligente ni sympathique. De plus, un être incapable de consentir à des renoncements n'est jamais vraiment satisfait : bien sûr, il éprouve un certain contentement au moment où il obtient le succès, les loisirs ou le confort qu'il souhaite ; mais quand il rencontre des difficultés, comme il est privé des possibilités intérieures de les surmonter, il devient insupportable.

Vous devez toujours avoir dans votre pensée une place pour les autres, en sachant que, chaque fois que vous ne vous efforcez pas d'agir aussi bien que vous le pourriez, il y a quelque part dans le monde quelque chose qui se trouve obscurci, compromis par votre faute. Et « bien agir » ne signifie pas nécessairement apporter une aide matérielle, non, mais penser aux conséquences que vos pensées, vos sentiments, vos actes, vos intentions peuvent avoir sur les êtres. À quoi sert de donner une somme d'argent à quelqu'un si à côté, par vos suggestions, votre comportement, vous l'amenez à dépenser cet argent d'une façon qui lui sera préjudiciable ? Il y a tellement de solutions pour aider les humains ! Ce sont ces solutions que vous devez trouver, en sachant que rien de ce que vous faites de bon n'est perdu. Et une fois que vous l'avez fait, n'y pensez plus, et surtout n'attendez rien en retour. Soyez comme le soleil qui éclaire, chauffe et vivifie toutes les créatures : il ne se demande pas si elles en éprouvent de la reconnaissance. La plupart ne sont même pas conscientes de ce qu'elles ont reçu.

Vous direz : « Mais quand on a travaillé, quand on a d'une façon ou d'une autre apporté de l'aide à quelqu'un, recevoir quelque chose en retour n'est que justice ! » Oui, c'est la justice, mais l'amour, l'amour qui vous pousse à donner sans rien attendre, est au-dessus de la justice. La justice habite déjà dans l'homme, mais pas encore l'amour. Même des malfaiteurs peuvent avoir, d'une certaine façon, le sens de la justice, même les animaux. Et combien de crimes sont commis pour rétablir soi-disant la justice ![4]

Vous avez aidé quelqu'un et, au nom de la justice, vous pensez que d'une façon ou d'une autre il vous doit quelque chose. Mais si vous vous obstinez à attendre ce qui peut ne pas arriver, vous êtes mécontent, irrité, il vous vient même un petit désir de vengeance. Et à cause de quoi ruminez-vous maintenant ces sentiments d'hostilité ? À cause du bien que vous avez fait ! Est-ce que c'est intelligent ? La joie que vous avez éprouvée en faisant le bien, pourquoi ne pas chercher à la conserver ? En attendant une reconnaissance sous quelque forme que ce soit, vous vous limitez, vous vous assombrissez. Agissez seulement parce que vous sentez que c'est utile et bon. N'attendez rien en retour et vous vivrez dans la liberté, dans la lumière, parce que le soleil vous aura marqué de son sceau.

L'amour est cette capacité d'arracher de nous-même ce qui nous est le plus cher et de le donner. Mais cette qualité se manifeste rarement. On voit plutôt des êtres occupés à se battre pour conserver ce qu'ils possèdent et pour s'emparer, s'ils le peuvent, de ce qui appartient à d'autres. Est-ce bien raisonnable de perdre tellement de temps et d'énergie alors que, bientôt, on sera obligé de tout laisser ? Eh oui, un jour la mort arrive, et que l'homme le veuille ou non, d'un seul coup elle le dépouille de tout. Pourquoi n'a-t-il pas appris à donner avant l'heure de la mort ? À ce moment-là, bon gré mal gré il abandonne tout. Seules lui restent la lumière et la joie qu'il a acquises en sachant donner.

C'est dans le travail désintéressé qu'est la vraie vie, cette vie intense qui, même au milieu des fracas de la terre, vous maintient lié au Ciel. Quand vous êtes sûr de travailler pour une cause juste et noble, rien ne doit vous en détourner, ni les moqueries, ni les critiques qui, bien sûr, ne manqueront pas de se produire. Si, pour agir, vous vous fiez à l'opinion des autres, si vous attendez leur approbation, vous ne ferez pas grand-chose. Et puis ils sont tellement changeants ! Un jour ils vous approuvent, et quelque temps après, on ne sait pas pourquoi, ils vous critiquent et se détournent de vous.

Il y a dans l'existence des périodes de succès où on est reconnu, apprécié par les autres, et puis d'autres périodes arrivent où on est mis à l'écart. Si on n'est pas habité par l'idée de l'amour, du travail désintéressé, on risque de tomber dans le découragement et l'amertume. Mais si on connaît la loi, on se dit : « J'ai fait un travail dans le passé et, en le faisant, j'y ai gagné certaines qualités. Maintenant que les conditions sont nouvelles, je dois certainement faire un autre travail pour développer d'autres qualités. » C'est ainsi que vous restez maître de la situation.

En chaque circonstance, cette lumière vous permet de sortir vainqueur des difficultés, parce que vous savez garder votre volonté et votre détermination intactes, c'est-à-dire l'essentiel. Même dans les conditions les plus défavorables, il ne faut jamais perdre une occasion de faire le bien ; grâce à ces efforts, un chemin s'ouvre dans votre cœur et dans votre âme. Et ne vous contentez pas trop vite de ce que vous avez réalisé : il faut beaucoup de temps pour transformer les désirs du cœur en les consumant au feu du sacrifice, comme le charbon que l'on fait brûler devient flamme.[5]

Dieu nous juge d'après notre cœur. Là où le monde terrestre n'est pas capable de nous récompenser, Dieu le fait. Car jamais le bien ne reste sans récompense. Seulement ne vous attendez pas à ce qu'il vous revienne nécessairement sous la forme où vous l'avez fait. Il peut vous revenir sous des formes tout à fait différentes que vous ne pouvez pas connaître à l'avance. Vous donnez de l'argent et vous vous attendez à ce qu'on vous rende de l'argent ? Mais vous recevrez peut-être la santé, l'amitié, l'espérance, l'inspiration… ou la sensation d'être un vrai fils de Dieu, puisque, comme votre Père céleste, vous donnez sans rien attendre. La loi de justice est une loi cosmique que rien ni personne ne peut mettre en défaut. C'est une mauvaise compréhension de cette loi de justice qui décourage les humains de faire le bien. Ils ont peur qu'on profite d'eux. Non, il ne faut pas avoir peur.

Le Ciel ne résiste pas à celui qui a compris la valeur de l'amour désintéressé. Jour et nuit il le récompense. Et même quand il arrive qu'il soit lésé, il fait en sorte qu'il ressente encore ce dommage comme une récompense. Vous êtes choqué, vous ne pouvez pas admettre cela ? C'est que vous n'en avez pas encore fait l'expérience. Ce que je veux vous faire comprendre, c'est que Dieu a construit l'univers de telle sorte que ce dont nous sommes privés dans un plan nous est rendu dans un autre, et mille fois mieux encore si nous savons y être attentifs. Celui qui connaît le secret de l'amour et du sacrifice donne tout et il reçoit tout.

Vous direz qu'il y a des cas où des personnes qui voulaient sincèrement aider les autres ont été tellement trompées, exploitées, qu'elles ont tout perdu. Évidemment, mais quand je vous parle de l'amour désintéressé pour les autres, je ne vous dis pas que vous devez vous donner en pâture aux pourceaux. Comme ce gland de la fable qui était tombé sur le bord d'un chemin : animé de sentiments altruistes, il voulait partir aider le monde. Son père, le chêne, lui disait : « Tu es petit et vulnérable. Sois prudent, commence par te cacher dans le sol, des racines pousseront, et quand tu seras devenu grand, alors oui, tu seras utile. » Le gland répondait : « Tu es un être sans cœur, moi je suis rempli d'amour pour les créatures, je veux les aider. » Mais voilà qu'un cochon passant par là, le vit et le mangea.

Avant de vouloir aider le monde entier, il faut enfoncer profondément ses racines dans le sol, devenir un arbre qui donnera ses fleurs, ses fruits, son ombre, et même un jour son bois. Il existe des sacrifices inutiles et insensés. Donner, aider s'apprend, il ne suffit pas d'avoir bon cœur. De même que pour devenir un véritable sage il faut développer des qualités de cœur, de même, celui qui veut manifester son amour doit aussi posséder certaines qualités mentales, comme le discernement.

Et comment acquérir le discernement ? Justement en étant désintéressé, car le désintéressement donne à l'homme la faculté d'y voir clair ; alors que l'égoïsme, la cupidité lui mettent un bandeau sur les yeux. Quand on est obnubilé par la recherche de son intérêt égoïste, on voit ce qui se passe autour de soi comme au travers de verres déformants. Et puisqu'on ne voit pas la réalité telle qu'elle est, ce que l'on croit faire dans son intérêt, on le fait à son détriment. Eh oui, ce n'est pas en étant égoïste qu'on arrange nécessairement ses affaires.

Jamais je ne vous dirai de vous dévouer aux autres sans discernement. Je ne veux pas vous voir victimes, je veux vous voir dans la paix, la lumière et la joie, et cette paix, cette lumière, cette joie, je sais que vous ne les trouverez qu'en sachant donner. Car chaque sacrifice imprime en nous la marque du soleil. N'oubliez jamais qu'il existe une relation entre le monde d'en bas et le monde d'en haut : lorsque vous faites quelque chose ici, en bas, sur la terre, vous provoquez quelque chose d'identique en haut, dans le Ciel. Ce que vous donnez vous sera un jour rendu, tandis que tout ce que vous gardez pour vous est perdu.

Combien de temps pouvez-vous garder une joie ?... Le lendemain, ou seulement quelques heures après, vous êtes triste. Alors, même vos joies, pensez à les donner. Adressez-vous au Seigneur, à la Mère divine, à toutes les entités célestes qui sauront comment les conserver, les protéger, et dites : « Ô Seigneur, ô Mère divine, et vous entités célestes, je ressens une telle joie ! Mais je ne sais pas ce que je peux en faire et j'ai peur de la perdre. Alors, je vous la donne, utilisez-la pour le bien d'autres créatures. » C'est ainsi qu'elle vous sera conservée. Et si vous voulez protéger votre amour, confiez-le aussi à ces entités célestes.

Notes

1. Cf. *Les semences du bonheur,* Coll. Izvor n° 231, chap. XVII : « Aimez sans attendre d'être aimé ».
2. Cf. *Les splendeurs de Tiphéreth – Le soleil dans la pratique spirituelle,* Œuvres complètes, t. 10.
3. Cf. *La clé essentielle pour résoudre les problèmes de l'existence,* Œuvres complètes, t. 11, chap. XIV : « Rendez à César ce qui est à César ».
4. Cf. *Vie et travail à l'École divine,* Œuvres complètes, t. 31, chap. VIII : « Comment dépasser la notion de justice ».
5. Cf. *Les révélations du feu et de l'eau,* Coll. Izvor n° 232, chap. II : « Les secrets de la combustion ».

XI

« LE PLUS GRAND PARMI VOUS SERA VOTRE SERVITEUR »

Dans leurs relations avec les autres, les humains, consciemment et même surtout inconsciemment, cherchent à être servis, et cela de toutes les façons. Ils ont tendance à considérer que les autres ne sont là que pour répondre à leurs besoins, les aider, les comprendre, partager leurs opinions, leurs goûts… ou leurs dégoûts. Et combien cherchent à faire de leurs parents, leurs amis, leurs collaborateurs, des instruments de leur réussite ! Perchés sur leur piédestal, ils s'imposent à eux comme des maîtres à leurs serviteurs, et gare à celui qui ne se soumet pas et entend faire preuve d'indépendance !

Mais ces gens qui ont tellement besoin de s'imposer, ont-ils bien réfléchi au pouvoir de l'exemple ? Vous vous demandez ce que l'exemple vient faire là… Eh bien, c'est très simple. Celui qui cherche à dominer les autres fait de nombreux disciples. Toutes les personnes de son entourage auxquelles il prétend commander l'observent, prennent note et retiennent la leçon qu'il est en train de leur donner par son comportement. Oui, inconsciemment, il est leur professeur et aucune de ses leçons ne se perd.

Peu à peu, bien instruits, ces « disciples » commencent à agir comme leur maître, d'abord vis-à-vis d'autres personnes, et ensuite également vis-à-vis de lui. Alors, la situation se complique : le maître apprend que ceux qu'il croyait tout dévoués à ses intérêts sont en train de comploter contre lui. Il s'imaginait les avoir soumis et voilà que la révolte gronde. Mais comprend-il que c'est là le résultat des leçons qu'il leur a lui-même données ? Le plus souvent, non, au contraire, il s'obstine à vouloir les faire plier, provoquant de plus en plus autour de lui le désordre et la consternation ; jusqu'au jour où, estimant qu'il est allé trop loin, les autres finissent par l'évincer. Et alors on ne voit plus qu'un pauvre malheureux qui se plaint d'avoir été trahi et qui pense au suicide.

Le malheur des humains, c'est de ne pas se rendre compte qu'avec l'idée qu'ils se font de ce qui doit les satisfaire, et la manière dont ils s'y prennent pour l'obtenir, ils ne réussiront qu'à s'appauvrir et même à se détruire.[1] Alors, ils s'entêtent… jusqu'à la ruine finale. Peut-être pas toujours la ruine matérielle, mais la ruine spirituelle, pour eux et quelquefois aussi pour leur entourage qu'ils ont influencé par leur exemple.

Chacun est un modèle pour les autres. En adoptant l'attitude d'un serviteur ou celle d'un dictateur, on n'obtient évidemment pas les mêmes résultats. Si vous vous mettez au service des autres avec sagesse et générosité, certains s'inspireront de vos leçons, et quand ils voudront les appliquer, c'est vous qui en serez le premier bénéficiaire. Il est naturel que vous appréciiez d'avoir la sympathie, l'amour et même l'aide des autres, mais vous les obtiendrez seulement si vous commencez par donner vous-même l'exemple. Pour ce qui est bon comme pour ce qui est mauvais, un jour ou l'autre vous récoltez les fruits des graines que vous avez semées.

La morale est fondée sur un principe très simple puisqu'il est la base même de l'agriculture : on récolte ce qu'on sème.[2] Depuis les parents jusqu'aux chefs d'État, en passant par les éducateurs et les responsables de toutes sortes, chacun devrait méditer cette loi et comprendre combien il est avantageux de devenir serviteur au lieu de jouer au maître… ou à la maîtresse.

La vie des couples n'est souvent qu'une série d'affrontements : lequel des deux va s'imposer ? Eh bien, là aussi, le mari doit servir sa femme parce qu'elle est son disciple et qu'elle l'imitera ; et la femme doit servir son mari, parce qu'il est également son disciple et prendra exemple sur elle. Si tous deux rivalisent dans la volonté de dominer, ils se préparent des luttes interminables ; tandis que s'ils rivalisent dans la volonté de servir, ce sera le Royaume de Dieu. Dans le Royaume de Dieu il n'y a que des serviteurs : les anges, les archanges et toutes les hiérarchies d'esprits lumineux… Dieu est le seul Maître. C'est sur la terre qu'on trouve des créatures qui ont tellement besoin d'avoir des serviteurs, et quelquefois même des esclaves, et celles qui n'y arrivent pas par leur mérite, cherchent à s'imposer par la violence ou par la ruse.

Mais combien de fois celui qui attend d'être servi s'expose à être déçu ! Car il est rare que l'on reçoive des humains exactement ce que l'on souhaite. Écoutez ceux qui ont des domestiques à leur service ou qui attendent toujours quelque chose de leur entourage. Au lieu d'être satisfaits, ils se plaignent : le travail n'a pas été fait correctement, les objets n'ont pas été tout à fait remis à leur place, on ne leur a pas apporté exactement ce qu'ils demandaient, ou alors on ne l'a pas apporté au bon moment ou de la manière qu'ils souhaitaient. Les motifs de plainte ne manquent pas.

Si vous avez vraiment quelque chose à demander aux autres, tâchez au moins de ne pas vous montrer trop exigeant. Mais surtout, comprenez une fois pour toutes que pour être heureux, c'est vous qui devez vous mettre au service des autres, car vous faites alors jaillir en vous une source d'énergies encore inconnues, et ces énergies sont inépuisables.

Il peut aussi arriver que des personnes vous proposent leurs services, pourquoi pas ? Mais là encore, si vous acceptez, sachez que cela ne se passera pas nécessairement comme vous l'espérez. Et de toute façon, vous vous sentirez plus heureux en cherchant, vous, à leur être utile. En fonction de vos capacités, bien sûr, car il faut commencer par être conscient de ce dont on est capable. Mais une fois cette question réglée, dans tout ce que vous faites, pensez comment vous pouvez, vous, aider les autres. Et ensuite, qu'ils ne soient pas reconnaissants, qu'ils ne se rendent même pas compte de ce que vous faites pour eux, qu'importe ? Vous, vous êtes heureux parce que vous le savez. Les autres, ce n'est pas tellement important, un jour peut-être ils comprendront.

Est-ce que l'enfant sait ce que sa mère fait pour lui ? Elle est entièrement au service de ce petit être qui réclame toute son attention, qui crie, qui pleure, qui la réveille la nuit. Patiemment, avec amour, elle le prend dans ses bras pour le nourrir, le bercer, l'endormir. Elle n'attend pas qu'il la remercie, car c'est en se consacrant à son enfant qu'elle est heureuse. Mais un jour, beaucoup plus tard, quand cet enfant a grandi et qu'il se rend compte de tout ce que sa mère a fait pour lui, il l'entoure de soins, et dans son cœur elle est comme une divinité.

Au premier abord, c'est vrai, l'idée de servir les autres n'est jamais bien attirante, elle est même humiliante. Mais c'est parce qu'on ignore ce qu'est le vrai service. On ne sait pas ce qu'on doit servir chez eux : leur moi inférieur (leur goût de l'argent, du pouvoir, des plaisirs) ou leur Moi supérieur (leurs aspirations à la lumière). On a vu, dans l'histoire, des hommes et des femmes se mettre au service de gens qu'ils haïssaient, afin de les attirer sur des chemins où ils allaient se perdre et se faire ainsi les instruments de leur chute. Ils avaient donc servi leur moi inférieur. Tandis que le service dont je vous parle ici est celui du Moi supérieur.[3]

Le Moi supérieur, la divinité chez les êtres, c'est elle que vous devez servir. Pourquoi dans les Évangiles Jésus a-t-il dit : *« Le plus grand parmi vous sera votre serviteur » ?* Parce que, justement, pour être capable de servir la divinité chez les créatures, il faut être soi-même très grand. Celui qui est grand ne se sent jamais diminué, humilié, de se mettre ainsi au service des autres, parce que sa grandeur est celle de l'esprit.

L'esprit ne se sent jamais humilié quand il s'infiltre dans la matière pour l'éclairer, la vivifier. Alors, vous non plus, vous ne devez pas vous sentir diminué quand vous vous mettez au service des autres pour les aider à y voir plus clair, à trouver les meilleures solutions à leurs problèmes, même quand ces problèmes vous paraissent insignifiants. Si vous êtes conscient de la puissance de votre esprit, vous ne craindrez jamais de vous abaisser au niveau des petits, des faibles et des ignorants, vous saurez que rien ne vous fera perdre votre noblesse, votre vraie grandeur.

Jésus a été grand parce qu'il a su se faire infiniment petit. Il n'a jamais exigé qu'on se courbe devant lui et le serve ; c'est lui qui s'est fait l'humble serviteur de tous. Et comme Jésus, celui qui est parvenu à un degré d'évolution exceptionnel ne doit pas trouver dans sa grandeur un prétexte pour s'imposer aux autres. Plus on est fort, plus on doit se manifester avec humilité.[4] C'est cela être grand.

Il faut reconnaître que c'est déjà beaucoup de trouver la lumière, mais cela ne suffit pas. La question ensuite, c'est l'attitude, le comportement. Aucun savoir, aucun pouvoir spirituel ne doit être utilisé pour dominer les autres. Que chacun s'élève aussi haut qu'il en est capable, mais seulement à l'intérieur ; à l'extérieur, on n'a pas à se percher sur un piédestal. Quel sens cela a-t-il de s'élever, si c'est pour écraser ensuite ses semblables ? De nombreux prophètes, persuadés qu'ils avaient la vérité, ont coupé des têtes. Avoir la vérité n'a jamais donné ce droit à personne.

Et alors que dire d'une Église qui a envoyé au bûcher tant d'êtres magnifiques et incendié des villes entières, au lieu de se montrer humble et clémente ? Elle voulait soi-disant sauver les âmes, mais souvent c'était un prétexte pour les soumettre à son pouvoir. Il fallait que le monde entier la regarde comme la représentante du Christ sur la terre. Eh bien, elle a commis ainsi la pire des erreurs. Qu'a-t-elle gagné avec une telle attitude ? Nous disons en Bulgarie : « Même si le hodja est monté en haut du minaret, il chante toujours la même chanson. »

La vérité est chargée d'une énergie incommensurable, mais il faut l'envelopper avec précaution pour que les autres puissent l'accueillir et la digérer sans que cela produise des dégâts. La puissance que lui donne la vérité, le sage la manifeste à travers l'amour, la bonté, la douceur.[5]

Et si vous désirez tellement devenir un maître, commencez par vous imposer à ces serviteurs que sont vos cellules. Vous avez là des millions de petits serviteurs, qui sont en même temps vos disciples. Oui, car vos cellules aussi vous observent et suivent ensuite votre exemple. Exercez-vous sur ces disciples-là. Sur eux votre autorité peut être entière. Commandez, ordonnez autant que vous voulez pour qu'ils contribuent à votre santé physique et spirituelle. Mais partout ailleurs, soyez des serviteurs.

Notes

1. Cf. *Les semences du bonheur,* Coll. Izvor n° 231, chap. II : « Le bonheur n'est pas le plaisir » et chap. III : « Le bonheur est dans le travail ».
2. Cf. *Les lois de la morale cosmique,* Œuvres complètes, t. 12, chap. I : « Comme vous aurez semé, vous récolterez ».
3. Cf. *Nature humaine et nature divine,* Coll. Izvor n° 213, chap. X : « Comment favoriser les manifestations de la nature supérieure en soi et chez les autres ».
4. Cf. *Le travail alchimique ou la quête de la perfection,* Coll. Izvor n° 221, chap. XI : « Orgueil et humilité ».
5. Cf. *La vérité, fruit de la sagesse et de l'amour,* Coll. Izvor n° 234.

XII

REMERCIER, SOURCE DE LUMIÈRE ET DE JOIE

Vous marchez dans la rue et, sans raison précise, vous vous sentez soudain envahi par une sorte de dilatation qui rend votre pas plus léger. Alors, non seulement vous trouvez un intérêt, un charme à tout ce que vous ne remarquiez même pas jusque-là, mais les passants vous paraissent tellement sympathiques que vous avez envie de leur sourire pour partager avec eux cette joie, cette gaieté subite qui est venue vous visiter. N'en cherchez pas la cause, car la joie sans cause est la vraie joie, de même que la tristesse sans cause est la vraie tristesse.

Je ne dis pas qu'on n'ait pas des raisons objectives d'être gai ou des raisons objectives d'être triste. Mais la vraie gaieté est une disposition de l'âme qui, par-delà les difficultés, les obstacles et les chagrins, ressent la vie comme un don de Dieu et déborde de reconnaissance. Tandis que la vraie tristesse est une disposition psychique qui aveugle l'être à toutes les choses belles et bonnes, au point qu'il ne retient partout que des raisons de s'affliger.

Si vous voulez recevoir souvent cette visite de la gaieté, cultivez la reconnaissance, la reconnaissance envers le Créateur, envers la nature et envers les humains. Alors, même si vous n'avez aucune raison de vous réjouir, la joie viendra vous prendre par surprise, comme lorsque des amis vous font la bonne surprise d'une visite inattendue.

Vous direz que pour éprouver le besoin de remercier, il faut avoir un motif. Non, remerciez, c'est tout, sans vous poser de questions sur les raisons de dire merci. Si vous voulez éprouver cette joie sans cause qui donne à votre existence une saveur, une couleur, une lumière, apprenez à remercier aussi sans cause. Bien sûr, les raisons de remercier ne manquent pas : vous pouvez remercier Dieu pour la vie que vous avez reçue, cette vie qui vous permet de découvrir tant de richesses ; vous pouvez remercier pour le bonheur d'avoir la santé, une famille, des amis… Et pensez aussi à toutes les mauvaises rencontres, à tous les accidents qui peuvent survenir dans une journée et auxquels vous avez échappé. Quand vous rentrez sain et sauf d'un trajet en voiture, par exemple, est-ce que vous pensez à remercier ? Tant d'accidents peuvent survenir sur une route, et parfois il s'en faut de si peu !

En prononçant le mot « merci », c'est comme une source de lumière, de paix et de joie que vous faites jaillir dans votre âme. Et cette source inonde toutes vos cellules. Peu à peu, vous sentez que quelque chose en vous se vivifie, se fortifie, s'éclaire. Et si un jour vous avez à affronter de grandes épreuves, non seulement vous ne vous effondrerez pas, mais vous serez encore capable de continuer à remercier ; et c'est cette capacité de remercier dans les épreuves qui vous aidera à les surmonter.

Combien de bonnes choses viennent d'un sentiment de reconnaissance, et combien de mauvaises découlent d'une ingratitude ! Car cela va très au-delà de ce sentiment que vous éprouvez à un moment donné. Dès l'instant où vous introduisez en vous un sentiment de reconnaissance et où vous l'entretenez pour le faire grandir, il ne se limite pas à exister passivement. À cause de la loi d'affinité, il attire par ses vibrations des impressions, des sensations qui lui ressemblent. Toutes les bénédictions vous viennent donc de cette petite chose : un mouvement de gratitude.

Dans tout ce qui vous arrive, les peines comme les joies, il y a quelque chose à découvrir pour votre épanouissement, votre compréhension de la vie. Et la gratitude est la clé qui ouvre les portes du vrai savoir. C'est pourquoi le matin, au réveil, avant de penser à quoi que ce soit, dites : « Mon Dieu, merci de m'avoir donné la vie aujourd'hui encore, afin que je puisse Te servir et accomplir ta volonté pour ta gloire et l'avènement de ton Royaume sur la terre. »[1] Par ces quelques mots déjà, vous vous mettez sous la protection du Ciel, vous donnez une bonne orientation à tout ce que vous ferez dans la journée et vous trouvez la bonne attitude à avoir devant tous les événements qui peuvent survenir. Car il ne suffit pas de dire « Merci Seigneur » au moment où vous apprenez une bonne nouvelle ou recevez quelque chose qui vous fait du bien. Partout et tout le temps vous devez apprendre à remercier.

La vérité, c'est qu'au moment où les événements se produisent, nous ne pouvons pas savoir si, avec le temps, ils se révéleront bons ou mauvais pour nous. Combien de circonstances que les gens pensaient heureuses ont été finalement la cause de leur effondrement, alors que des épreuves se sont, à la longue, révélées très bénéfiques ! Ce n'est pas dans l'instant que nous pouvons juger du bonheur ou du malheur ; pour se prononcer il faut attendre les conséquences lointaines de chaque événement.

La sagesse consiste donc à considérer les difficultés et les épreuves comme des poursuivants que la Providence envoie courir sur nos talons pour nous obliger à marcher sur des chemins où nous ferons de grandes découvertes. Sans ces poursuivants, nous ne bougerions pas et nous resterions ignorants et faibles.[2] Combien de trésors nous attendent ainsi ! Celui qui devant chaque inconvénient commence par se plaindre ou se révolter, passera auprès de ces trésors sans les voir.

Cette philosophie doit devenir pour vous une seconde nature. Devant chaque situation désagréable ou douloureuse, prenez l'habitude de vous dire qu'au bout du chemin c'est peut-être un bonheur qui vous attend. Puisque pour le moment vous ne savez pas ce que sera la suite, ne perdez pas votre temps dans des plaintes ou des révoltes, remerciez plutôt le Ciel. En disant « merci », vous libérez en vous des énergies qui vont vous aider à faire face. Voilà la puissance du remerciement : il s'attaque déjà à l'obstacle qui est en train de se dresser et il neutralise les poisons que votre tristesse, votre colère, votre découragement commençaient à distiller.

Rien n'est plus difficile que de se prononcer sur la nature d'événements en train de se produire. C'est vrai pour ce qui nous arrive et pour ce qui arrive aux autres, car nous ne connaissons ni le passé ni l'avenir. Vous vous trouvez par exemple devant un être qui est la proie d'un vice qui le détruit : cela peut être l'alcool, la drogue, la débauche, le jeu, etc. Vous vous dites qu'il faut l'aider à se libérer. Cela part évidemment d'un bon sentiment et vous vous efforcez de le sortir de là. Vous n'y arrivez pas et vous vous désolez. Alors, dites-vous que, peut-être, ce vice dont il est la proie l'empêche de commettre des actes plus graves.

Oui, il y a des êtres qui sont habités par le génie du mal : dans une existence antérieure ils ont commis des actes criminels ; dans cette existence, les lois du karma les ont condamnés à rester esclaves d'une passion, et cette passion les détourne d'activités où ils pourraient se révéler encore plus dangereux. Entièrement pris par cette passion, ils ne sont plus tellement en état de nuire, ils sont comme chloroformés. Oui, il est très difficile d'interpréter les situations et les événements présents, parce qu'on ne connaît ni le passé ni l'avenir. C'est une idée analogue que Voltaire a développée dans un conte philosophique : *« Zadig ou la destinée »*.

Mais revenons à vous et à la meilleure méthode pour vous d'affronter les difficultés. Puisque vous ne connaissez pas les raisons de ce qui vous arrive, prenez l'habitude de remercier le Ciel. Même si vous n'avez objectivement aucune raison de remercier, dites : « Merci Seigneur… », « merci mon Dieu ». Il faut que cela vous vienne naturellement, sans que vous ayez à faire intervenir votre volonté, exactement comme vous respirez.

En Bulgarie, il y a très longtemps, je voyageais un jour avec un ami. C'était le soir et nous sommes arrivés dans une gare sans possibilité d'aller plus loin. Un aiguilleur qui travaillait là nous a alors proposé de nous héberger dans la gare. Le lendemain matin, quand je me suis réveillé, je l'ai regardé faire son travail. Visiblement il était déjà ivre, mais il s'acquittait très consciencieusement de sa tâche et saluait amicalement les conducteurs des trains qui passaient. J'ai parlé un peu avec lui, je l'ai interrogé, et il m'a expliqué qu'il était tellement habitué à ce travail depuis sa jeunesse qu'il pouvait continuer à le faire avec précision, même quand il avait bu. C'était un très brave homme et je ne l'ai pas oublié. Vous voyez, quelquefois on ne peut rien obtenir des gens sobres, et il vaut mieux s'adresser à un homme ivre qui aime son travail !

Évidemment, je ne vous conseille pas de l'imiter pour le penchant à la boisson. Mais, comme lui, habituez-vous à exécuter consciencieusement votre tâche quotidienne. Et votre tâche quotidienne, c'est d'être toujours reconnaissant envers le Seigneur, quoi qu'il arrive. Consciemment ou non, remerciez, car de toute façon cela s'enregistre.[3] En remerciant, vous purifiez et éclairez l'atmosphère en vous et autour de vous. Alors, remerciez tout de suite, spontanément, automatiquement ; vous aurez ensuite tout le temps de vous souvenir pourquoi et comment vous avez remercié.

Oui, remercier toujours et pour tout,... même pour le bien que vous faites. Je vous disais que vous ne devez jamais attendre que vos bonnes actions soient reconnues. C'est parfois difficile : même si vous n'attendez pas de recevoir quelque chose en retour, vous espérez au moins qu'on reconnaisse que vous avez bien agi. Or, ce n'est pas toujours le cas ; quelquefois même on s'arrange pour vous adresser des reproches. Vous surmonterez les déceptions, la tristesse que vous pouvez alors éprouver en étant, vous, reconnaissant d'avoir pu vous rendre utile. Donc, quand vous faites quelque chose de bon pour les autres, ce n'est pas tellement eux qui doivent vous remercier. C'est vous qui devez les remercier pour vous avoir donné l'occasion de manifester non seulement votre bonté, votre générosité, mais aussi votre sagesse, votre intelligence, et encore d'autres qualités et capacités qu'on doit mettre en œuvre lorsqu'on veut rendre service.

Pour marcher vraiment sur le chemin de la lumière, nous devons connaître beaucoup de vérités que la majorité des humains négligent. Ils pensent que nous nous occupons là de toutes petites choses sans importance. Eh oui, de toutes petites choses, mais l'univers entier est fait de toutes petites choses : des atomes, des électrons qu'on ne voit même pas. Ce sont ces petites choses qui sont les éléments indispensables pour créer et entretenir la vie.

Par exemple : vous éprouvez un manque, une absence, vous souffrez et vous êtes prêt à vous plaindre. À ce moment-là, arrêtez-vous net et passez en revue tout ce que vous possédez. Pourquoi la constatation d'un besoin, d'un manque doit-elle soudain obscurcir votre regard ? Remerciez Dieu chaque jour parce que le soleil se lève… Remerciez-Le pour l'air, l'eau, la lumière… Remerciez-Le pour tout ce que vous pouvez voir, entendre, goûter, comprendre. Remerciez-Le de vous avoir donné la faculté d'entrer en relation avec Lui et avec toutes les entités célestes. Vous direz : « Mais Dieu n'a pas besoin de notre gratitude ! » Si, Il en a besoin pour nous, pas pour Lui. Il a besoin que ces êtres qu'Il a créés et qui vivent en Lui prennent conscience de ce qu'ils possèdent, parce que ce sont ses enfants, ses héritiers.[4] Ne pas reconnaître la sagesse et l'amour de Dieu produit des dissonances dans l'harmonie cosmique.

Savoir remercier est la preuve qu'on est conscient, qu'on a vu, qu'on a compris. C'est pourquoi la gratitude est une vertu tellement essentielle. Si les humains ne savent pas remercier, c'est parce qu'ils somnolent, parce qu'ils n'ont pas appris à regarder, à écouter, à ressentir les êtres et les choses. Psychiquement, leurs cinq sens sont chloroformés. Quand ils se réveillent le matin, combien pensent à dire : « Je suis vivant ! Seigneur, envoie-moi un rayon de ta grâce pour que j'arrive à prendre conscience de tout ce que Tu m'as donné » ?

Et puis, quand vous faites votre toilette devant la glace, comment ne pas vous émerveiller d'avoir un front, des yeux, des cheveux ?… À quoi pensez-vous devant votre glace le matin ?… Et au moment où vous faites couler l'eau du lavabo ou de la douche, à quoi pensez-vous ?... Et puis, vous voyez votre femme, vos enfants... Vous direz peut-être que vous n'en avez pas. D'accord, mais en sortant de chez vous, vous rencontrez bien quelqu'un. À quoi pensez-vous en le voyant ?... Tous les êtres qui vivent près de vous, comme ceux que vous rencontrez, sont là pour vous faire réfléchir, pour affiner votre sensibilité. Quand apprendrez-vous à vous réjouir et à remercier pour toutes les inépuisables richesses de la vie, afin de devenir vous-même plus vivant ?

Celui qui sait se réjouir ramassera un caillou sur le chemin et dira : « Regardez ce que j'ai trouvé ! » Pour lui, ce caillou est un témoin de la création du monde : en le serrant dans sa main, il sent les milliards d'années qui se sont écoulées et les forces qui ont agi sur lui jusqu'à ce qu'il devienne cette pierre sur un chemin. Voilà des expériences à faire !

Vous êtes-vous jamais demandé comment vous pouvez participer à la vie de la nature ? Vous voyez le soleil, la lune et les étoiles se lever et se coucher... Vous voyez les saisons passer, mais qu'avez-vous appris de ce passage des saisons ? Printemps, été, automne, hiver, les quatre saisons sont les portes qui s'ouvrent sur les mystères du nom de Dieu, les quatre lettres, Iod Hé Vav Hé, יהוה, qui sont en relation avec les quatre éléments.

Sur le cercle du zodiaque, le printemps commence avec le Bélier, signe de feu ; l'été avec le Cancer, signe d'eau ; l'automne avec la Balance, signe d'air, et l'hiver avec le Capricorne, signe de terre. L'entrée dans chaque saison se fait donc sous le signe d'un des quatre éléments. Au Bélier, le feu, correspond la lettre Iod י ; au Cancer, l'eau, correspond la lettre Hé ה ; à la Balance, l'air, correspond le Vav ו ; et au Capricorne, la terre, correspond le second Hé ה. Chacun dans sa saison, les quatre éléments trouvent le champ libre pour se manifester. Ainsi, l'un après l'autre, dans une année, le feu, l'eau, l'air et la terre viennent dire leur mot.[5]

Pourquoi les humains se sentent-ils si souvent comme des étrangers sur la terre ? Parce qu'ils ne savent pas ce qu'il faut faire pour être connus d'elle. La terre les nourrit, elle les porte, ils vont et viennent en tous sens sur les routes et les chemins, sans jamais penser à lui envoyer leur reconnaissance et leur amour. Vous voulez que la terre vous reconnaisse ? Quand vous allez marcher dans la nature, arrêtez-vous de temps en temps, posez votre main sur elle, caressez-la et dites-lui : « Ô Terre, ma mère, combien j'apprécie ta solidité, ta générosité ! Par mon respect, ma reconnaissance, mon amour, je veux te rendre un peu de tout ce que tu me donnes. » C'est ainsi que vous vous ferez connaître d'elle et vous ne vous sentirez plus comme un pauvre malheureux jeté sur un sol étranger, mais dans votre patrie comme des fils et des filles de Dieu.

Et à ce moment-là, pensez aussi à respirer profondément, consciemment, en vous adressant à l'Ange de l'air. Dites-lui : « Ô bien-aimé Ange de l'air, toi qui es un serviteur de Dieu beau et puissant, traverse-moi de ton souffle, emporte les impuretés de mes poumons, de mon cœur, de mon cerveau et introduis en moi l'harmonie, afin que je devienne un serviteur comme toi. » Et puisque l'Ange de l'air est partout, qu'il dirige tous les courants qui traversent l'atmosphère, qu'il se glisse dans chaque interstice, il est très sensible, il vous entend. Il donne alors des ordres pour qu'on vous apporte quelques effluves de ce fluide très subtil qu'on appelle l'éther, et vous sentez comme si votre être se dilatait et s'élevait dans l'espace.

L'univers dans lequel nous vivons ne nous est pas fermé, nous faisons avec lui des échanges de toutes sortes : des échanges physiques, psychiques, spirituels. Consciemment ou inconsciemment, nous vibrons, nous respirons avec lui, en lui. Cet univers est un tout vivant, intelligent, organisé, et surtout hiérarchisé. Oui, hiérarchisé, depuis les régions les plus denses, les plus obscures, jusqu'au monde divin qui est pure lumière. Et comme l'être humain est construit à l'image et à la ressemblance de cet univers, nous retrouvons en nous les mêmes régions, avec les mêmes matériaux, les mêmes énergies, les mêmes entités.

Alors, maintenant, la question se pose : quelle doit être notre attitude envers cette hiérarchie ? Vous ne le voyez peut-être pas, mais cette question est d'une extrême importance. Car si les humains rencontrent tant de difficultés, s'ils s'exposent à tant de souffrances, c'est qu'ils n'ont pas trouvé la bonne attitude vis-à-vis de cette hiérarchie en eux qui est à l'image de la hiérarchie cosmique dont Dieu est le sommet.[6]

Mais qu'est-ce qu'une attitude ? Un résultat, une synthèse de ce que nous sommes. Elle révèle l'état de notre corps physique, mais aussi de nos corps psychiques et spirituels, ainsi que la qualité des énergies qui circulent et travaillent en eux. Cette attitude nous façonne, nous modèle ; elle nous lie aux différentes régions de l'espace, et si elle est faite de respect, d'amour, et surtout de reconnaissance, elle attire à nous les courants et les esprits du monde de la lumière.

Notes

1. Cf. *Le véritable enseignement du Christ,* Coll. Izvor n° 215, chap. V : « Sur la terre comme au ciel » et chap. IV : « Cherchez le Royaume de Dieu et sa Justice ».
2. Cf. *Aux sources inaltérables de la joie,* Coll. Izvor n° 242, chap. III : « L'aiguillon de la souffrance ».

3. Cf. *Le Livre de la Magie divine,* Coll. Izvor n° 226, chap. XI : « Trois grandes lois magiques : 1. la loi de l'enregistrement ».
4. Cf. *La foi qui transporte les montagnes,* Coll. Izvor n° 238, chap. VIII : « Notre filiation divine ».
5. Cf. *Les fruits de l'Arbre de vie,* Œuvres complètes, t. 32, chap. VII : « Les quatre éléments ».
6. Cf. *De l'homme à Dieu – Séphiroth et hiérarchies angéliques,* Coll. Izvor n° 236, chap. I : « De l'homme à Dieu : la notion de hiérarchie ».

XIII

AFIN QUE VOTRE NOM SOIT INSCRIT DANS LE LIVRE DE VIE

Dans plusieurs passages de la Bible, il est fait mention d'un livre appelé « livre de vie ». Dans ce livre, qui est évidemment un symbole, sont inscrits des noms, et il est dit par exemple : *« Qu'ils soient effacés du livre de vie, qu'avec les justes ils ne soient pas inscrits. »* Ou bien *« Celui qui vaincra, je n'effacerai point son nom du livre de vie et je confesserai son nom devant mon Père et devant ses anges. »*

Vous demanderez : « Mais comment pouvons-nous savoir si notre nom est inscrit dans le livre de vie ? » Pour répondre, je ne peux qu'utiliser une comparaison : vous savez si votre nom est inscrit dans ce livre, exactement comme vous savez s'il est inscrit dans les registres d'une organisation ou d'une administration. Vous avez souhaité vous abonner à un journal : une secrétaire a noté votre nom et votre adresse et, chaque jour, le facteur glisse le nouveau numéro de ce journal dans votre boîte aux lettres. S'il arrive que vous changiez d'adresse, à votre demande on vous le fait suivre. Puisque vous recevez chaque jour ce journal, c'est que votre nom est inscrit quelque part dans un fichier. De la même façon, quand votre nom est inscrit en haut, dans le livre de vie, c'est comme si vous étiez abonné à un journal, mais un journal très spécial qui s'adresse à votre âme, à votre esprit, et qui vous apporte chaque jour un nouveau savoir, une meilleure compréhension des choses, la paix, la lumière, la joie. Alors, bienheureux ceux et celles dont le nom est inscrit dans le livre de vie !

On ne peut pas oublier ceux qui figurent sur une liste, les humains le savent bien, eux qui sont toujours en train de tenir des registres. La différence entre les registres célestes et les registres terrestres, c'est que pour y être inscrit il ne suffit pas d'en faire la demande ; il faut le mériter par son travail, par ses efforts, et alors, sans même demander quoi que ce soit, on est inscrit. Celui qui ne travaille pas n'est inscrit nulle part et ne reçoit rien. Il ne lui reste qu'à faire comme cet homme qui trouvait distingué d'avoir des cartes de visite, alors, à défaut d'autres titres, il avait fait suivre son nom de la mention… « abonné au gaz et à l'électricité » ! Mais oui, ça aussi c'est un abonnement !

Maintenant, bien sûr, vous devez aussi comprendre que si le livre de vie n'est pas un véritable livre, le nom inscrit dans ce livre n'est pas non plus celui de votre état civil. Le livre de vie est un symbole de l'univers, et s'il est dit que dans ce livre sont inscrits des noms, c'est que du point de vue de la science spirituelle le nom exprime la quintessence d'une créature, il est une synthèse de tout son être.

Un passage des Évangiles rapporte que des disciples vinrent dire à Jésus : *« Seigneur, les démons mêmes nous sont soumis en ton nom »*, et Jésus leur répondit : *« Voici, je vous ai donné le pouvoir de marcher sur les serpents et les scorpions et sur toute la puissance de l'ennemi ; et rien ne pourra vous nuire. Cependant, ne vous réjouissez pas de ce que les esprits vous soient soumis, mais réjouissez-vous de ce que vos noms sont inscrits dans les cieux. »* Que les noms soient inscrits dans les cieux ou dans le livre de vie, cela a exactement le même sens. Mais qu'avaient-ils compris, les disciples, de ces paroles de Jésus ? S'ils avaient compris, ils auraient eu une autre conduite au moment de son arrestation dans le jardin de Gethsémani. Or, il est dit qu'à ce moment-là, *« tous les disciples l'abandonnèrent et prirent la fuite »*.

Marcher sur les serpents et les scorpions est évidemment une image, elle représente la victoire sur *« la puissance de l'ennemi »*. *« Et rien ne pourra vous nuire »*, ajoute Jésus. Mais les disciples n'étaient pas prêts, ils étaient encore trop attachés à la terre, trop sensibles aux séductions du monde.

Comment pouvaient-ils supporter de voir leur Maître arrêté comme un malfaiteur, alors qu'ils attendaient son triomphe ? Se fondant sur une prédiction du prophète Zacharie, ils croyaient que c'était lui le roi des Juifs qui devait venir : n'était-il pas de la lignée du roi David ? Et si Jésus devenait roi, il aurait le pouvoir, un pouvoir qu'il partagerait avec eux. Mais Jésus n'avait aucune ambition terrestre. Quand il comparut devant Pilate qui lui demanda : *« Es-tu le roi des Juifs ? »*, il répondit seulement : *« Tu le dis »*. Pour Jésus la véritable royauté était la royauté céleste, il ne confondait pas les biens temporels et les biens spirituels, comme on peut le voir dans l'épisode où les pharisiens l'interrogent sur l'impôt dû à César. Et il ne confondait pas non plus la gloire humaine et la gloire divine.[1] Alors, si vous voulez devenir un véritable disciple de Jésus, tâchez vous aussi de ne pas confondre la terre et le Ciel. Et surtout ne pensez jamais qu'un engagement spirituel doit vous rapporter des avantages matériels.

Certains s'étonnent de ce que les disciples de Jésus n'aient pas su se montrer à la hauteur de leur Maître ; ils pensent même qu'à leur place ils auraient eu une conduite plus courageuse, plus noble. Eh bien, ce n'est pas sûr ! Rien n'est plus difficile pour l'être humain que de se détacher de sa nature inférieure, car elle plonge ses racines dans la matière et redoute, plus que tout, ce qui menace sa sécurité, son confort, son prestige, etc.[2] On se croit désintéressé, fort, courageux, mais que viennent les tentations ou les épreuves sous une forme qu'on n'attendait pas, et on succombe.

Avoir son nom inscrit dans les cieux... ou dans le livre de la vie, tout pâlit à côté : le pouvoir, les richesses, la gloire... Rien d'autre, dit Jésus, ne doit nous réjouir, et c'est pour cela que nous devons travailler en nous mettant au service d'une idée sublime : le Royaume de Dieu sur la terre, afin que tous les êtres humains vivent dans la paix, l'abondance et la lumière. Oui, tous, et pas seulement quelques-uns comme c'est le cas pour le moment. Comment des gens qui se prétendent éclairés peuvent-ils accepter cette situation ? Nous ne représentons quelque chose de grand et de beau qu'à proportion de ce que nous faisons pour la collectivité, pour l'humanité entière ; c'est là que nous prenons notre vraie valeur, car nous devenons des collaborateurs de Dieu Lui-même.

Le sage travaille pour le bien de la collectivité, il est un ouvrier dans le champ du Seigneur. Les esprits lumineux s'approchent de lui pour le marquer de leur sceau, et une fois qu'il est marqué, c'est comme s'il était inscrit sur une liste ; à côté de son nom est noté ce qui lui est dû, et chaque jour il reçoit un courrier, ou on peut dire aussi un « salaire ». Ce salaire prend diverses formes : force pour l'esprit, dilatation pour l'âme, lumière pour l'intellect, chaleur pour le cœur, santé pour le corps physique. On peut encore prendre une autre image et dire qu'il est branché sur une sorte de centrale électrique : par les fils qui le relient à elle descendent des courants qui, en le pénétrant, mettent en marche ses appareils psychiques et spirituels.

Dans une maison, combien d'appareils on peut mettre en marche en les branchant sur des prises électriques : lampes, radiateurs, four, fer à repasser, cuisinière, postes de radio et de télévision, machine à laver !... Combien d'activités sont possibles grâce au courant électrique distribué par une centrale ! Il en est de même en vous, du moment que vos récepteurs sont en état de fonctionner : grâce au courant céleste, toute une vie intérieure s'éveille et se met en marche.

Mais tellement de personnes ressemblent à des immeubles au moment d'une panne d'électricité ! Les ascenseurs, l'éclairage, plus rien ne fonctionne. Pourquoi ? Parce que ni ce fil tendu entre le Ciel et eux, ni le livre de vie ne les intéressent. Seules comptent les réalisations visibles et tangibles, l'argent. Oui, mais en fin de compte l'argent leur servira surtout à trouver une bonne place à l'hôpital ou au cimetière.[3]

Par vos pensées, vos sentiments, vos actes, efforcez-vous de participer à la vie divine et de répandre cette vie partout autour de vous : votre nom sera inscrit dans les cieux et vous ne serez plus privé de rien. Mais tant que votre nom n'est pas inscrit, comment voulez-vous que les entités célestes qui feuillettent le livre de vie vous connaissent pour vous envoyer leurs bénédictions ? Où les envoyer si votre nom ne figure nulle part en haut ? Mais oui, c'est exactement comme sur la terre : une fois votre nom connu et enregistré, vous recevez du courrier, de l'argent. Vous connaissez bien cela : les assurances, les pensions, etc.

Devenez donc des collaborateurs du travail divin, des ouvriers du Royaume de Dieu, afin que votre nom soit porté dans le livre de vie. Oui, et que ceux qui ne reçoivent rien encore, qui se sentent pauvres, délaissés, misérables, sachent qu'il n'est jamais trop tard pour se rendre dignes d'y être inscrits. Les Évangiles rapportent que Jésus a été crucifié entre deux malfaiteurs.[4] Mais tandis que l'un d'eux le provoquait en se moquant de lui, l'autre qui, dans son âme, avait senti son exceptionnelle grandeur lui adressa cette prière : « *Souviens-toi de moi quand tu seras dans ton royaume.* » Et Jésus lui répondit : « *Je te le dis, en vérité, aujourd'hui tu seras avec moi dans le paradis.* »

Notes

1. Cf. *La clé essentielle pour résoudre les problèmes de l'existence,* Œuvres complètes, t. 11, chap. XIV : « Rendez à César ce qui est à César » et *Le travail alchimique ou la quête de la perfection,* Coll. Izvor nº 221, chap. X : « Vanité et gloire divine ».
2. Cf. *Nature humaine et nature divine,* Coll. Izvor nº 213.
3. Cf. *Les lois de la morale cosmique,* Œuvres complètes, t. 12, chap. XV : « Ne coupez pas le lien ».
4. Cf. *L'alchimie spirituelle,* Œuvres complètes, t. 2, chap. I : « Douceur et humilité ».

XIV

À LA TABLE DU FESTIN

L'Ancien Testament retentit du bruit des colères, des menaces et des punitions divines. Devant Noé, Abraham, Moïse, tous les patriarches et les prophètes, non seulement Dieu ne cesse d'énumérer les sujets d'irritation que lui donnent les humains, mais Il envoie le déluge, la sécheresse, Il fait tomber le feu du ciel, etc. Dans le Nouveau Testament, au contraire, Jésus présente Dieu comme un père, un père certainement exigeant mais plein d'amour et de miséricorde. Alors, où est la vérité ?... Seules des images peuvent nous permettre d'en approcher.

Considérons l'univers comme un royaume dont Dieu est le souverain. Ce royaume est régi par des lois, mais ce n'est pas le roi qui s'occupe de les faire respecter ni de punir ceux qui les transgressent ; il y a pour cela des ministres, des magistrats, la police, la gendarmerie, les prisons... Le roi, lui, est occupé à de grands projets pour la prospérité du royaume, pour le bien-être de tout son peuple. Et ce roi, qui est aussi miséricordieux, peut accorder sa grâce à un coupable dont un tribunal a ordonné l'exécution. Comme dans ces récits anciens où un condamné qu'on conduisait au supplice réussissait à s'échapper : il pénétrait dans le palais royal, franchissait toutes les portes sans que les sentinelles puissent l'arrêter, faisait irruption dans la grande salle où le roi entouré de ses amis était en train de festoyer, et s'écriait : « Grâce, Sire ! » Et le roi lui accordait sa grâce ; il ordonnait même parfois qu'on le fasse asseoir et qu'on lui serve à manger et à boire.

C'est ainsi qu'agit le Seigneur. Vous avez commis des erreurs, et intérieurement vous vous sentez condamné ; ou bien, même sans vous être rendu coupable d'aucune faute précise, vous souffrez d'être encore si imparfait, si faible, si misérable ? Même au plus profond de votre détresse, n'oubliez jamais que Dieu vous attend dans son palais. Élancez-vous vers Lui, courez très vite pour vous arracher à tout ce qui peut vous empêcher d'accéder jusqu'à Lui. Et qu'est-ce qui vous permet de courir ainsi ? La prière. La prière intense, fervente. C'est elle qui vous fait sauter par-dessus tous les obstacles, franchir toutes les portes… Et quand vous parvenez dans la salle du festin où le Seigneur se réjouit au milieu des anges et des âmes des Justes, Il dit à ses serviteurs prêts à chasser cet intrus : « Non, puisque son élan l'a projeté jusqu'ici, il a le droit de s'asseoir parmi nous, faites-lui une place. » Et tel que vous êtes, vous êtes accepté.

Ce n'est pas parce que je me sers d'images, comme dans les contes, que vous ne devez pas prendre au sérieux ce que je vous dis là, car c'est la vérité. Il est temps que les choses soient claires dans votre tête : Dieu ne s'indigne pas, Il ne s'irrite pas contre les humains, Il ne les punit pas, ce sont d'autres qui s'en chargent. Il nous attend seulement à la table du festin, et du moment que nous sommes capables d'arriver jusqu'à Lui, Il nous accueille.

Dans l'Antiquité, il existait une coutume qui correspond exactement à ce que je m'efforce de vous faire comprendre. Si un criminel qui était poursuivi parvenait à pénétrer dans le sanctuaire d'une divinité, il était sous sa protection, personne n'avait le droit de se saisir de lui. Cette coutume existait encore au Moyen Âge, où c'étaient évidemment les églises qui servaient de refuge, et cela peut se produire encore de nos jours. Cette tradition est fondée sur un savoir, le même que je suis en train de vous exposer.

D'une façon ou d'une autre, les vérités de la Science initiatique se retrouvent souvent sous la forme de certaines règles ou coutumes instaurées par les humains, au moins pour un certain temps. Le droit d'asile est donc l'application de cette vérité de la vie intérieure que, si vous parvenez à vous réfugier auprès de Dieu, malgré les ennemis intérieurs ou extérieurs qui vous poursuivent, personne n'a plus le droit de vous persécuter. Tant que vous restez là-haut, vos poursuivants sont tenus à distance. Alors, courez ! Et pour courir très vite vous devez vous lier à la lumière. Parce que la lumière est la créature de Dieu la plus rapide, c'est elle qui vous aidera à échapper à vos ennemis et à vous projeter jusqu'à la table du festin.

Cette idée d'une table où Dieu et ses anges seraient réunis pour un festin surprendra évidemment certains croyants. Mais lisez les Évangiles et vous trouverez qu'à plusieurs reprises Jésus utilise justement l'image du festin, comme dans cette parabole :

« *Un homme donna un grand souper, et il invita beaucoup de gens. À l'heure du souper, il envoya son serviteur dire aux conviés : Venez, car tout est déjà prêt. Mais tous unanimement se mirent à s'excuser. Le premier lui dit : J'ai acheté un champ, et je suis obligé d'aller le voir ; excuse-moi, je te prie. Un autre dit : J'ai acheté cinq paires de bœufs, et je vais les essayer ; excuse-moi, je te prie. Un autre dit : Je viens de me marier, et c'est pourquoi je ne puis aller. Le serviteur, de retour, rapporta ces choses à son maître. Alors le maître de la maison irrité dit à son serviteur : Va promptement dans les places et dans les rues de la ville, et amène ici les pauvres, les estropiés, les aveugles et les boiteux.*

Le serviteur dit : Maître, ce que tu as ordonné a été fait, et il y a encore de la place. Et le maître dit au serviteur : Va dans les chemins et le long des haies, et ceux que tu trouveras, contrains-les d'entrer, afin que ma maison soit remplie. Car, je vous le dis, aucun de ces hommes qui avaient été invités ne goûtera de mon souper. »

Il en est ainsi souvent dans la vie. Ceux dont les facultés, l'instruction, la position sociale pouvaient laisser penser qu'ils se rendraient disponibles pour participer aux festins que Dieu donne dans le Ciel et s'y nourrir de sa sagesse et de son amour, ceux-là préfèrent continuer à ne s'occuper que de leurs intérêts égoïstes, de leurs affaires, de leurs plaisirs.

Regardez les prétextes que donnent les invités pour ne pas se rendre au festin : l'un veut voir un champ qu'il vient d'acheter, l'autre est pressé d'essayer ses bœufs, et le troisième, qui vient de se marier, préfère rester chez lui. Alors, puisque les invités prestigieux sont engagés ailleurs et que le festin est prêt, il ne reste plus au maître de maison qu'à envoyer chercher au hasard les mendiants, les estropiés, les aveugles, les boiteux, c'est-à-dire tous les déshérités. Même si en apparence ils ne sont pas les plus capables d'apprécier ce festin, pourquoi ne pas leur donner une chance ?[1] Ne sont-ils pas, eux aussi, fils et filles de Dieu ? On peut au moins essayer de toucher leur cœur.

Et c'est ce que faisait Jésus quand il allait à la rencontre des foules sur les chemins. Puisque les scribes, les pharisiens, les sadducéens qui représentaient alors l'élite intellectuelle et morale des Juifs, refusaient d'entendre sa parole et le combattaient, il ne lui restait plus qu'à inviter les autres aux festins du Père. Et comme il est dit dans le texte, les serviteurs du roi *« rassemblèrent tous ceux qu'ils trouvèrent, méchants et bons »*.

Maintenant, c'est vrai, il existe dans les Évangiles une version un peu différente de cette parabole du festin. Là, c'est un roi qui invite à un repas pour les noces de son fils ; et comme les invités ne viennent pas, il demande à ses serviteurs de ramener tous ceux qu'ils trouveront dans les rues. Une fois que la salle est pleine, le roi entre et il aperçoit *« un homme qui n'avait pas revêtu un habit de noces. Il lui dit : Mon ami, comment es-tu entré ici sans avoir un habit de noces ? Cet homme eut la bouche fermée. Alors le roi dit aux serviteurs : Liez-lui les pieds et les mains, et jetez-le dans les ténèbres du dehors, où il y aura des pleurs et des grincements de dents. Car il y a beaucoup d'appelés, mais peu d'élus. »*

Ce qui signifie que, même si tous les humains sont appelés au festin divin, pour y participer vraiment ils doivent remplir certaines conditions. Je viens de vous expliquer que vous n'êtes accueilli auprès de Dieu qu'à condition de pouvoir vous projeter jusqu'à Lui. C'est comme si vous aviez à percer une mer de nuages qui vous cache le soleil. Dès l'instant où vous parvenez à vous élever au-dessus des nuages, le soleil vous accueille, il vous sourit, vous avez même la sensation qu'il vous attendait. Mais pour vous élever au-dessus des nuages, vous devez vous alléger, c'est-à-dire vous débarrasser de toutes les pesanteurs qui vous maintiennent dans les couches obscures de la conscience.[2] L'habit de noces est donc l'habit du sage, il symbolise l'état auquel est parvenu celui qui a travaillé à s'alléger, à se purifier, afin de s'élancer vers la lumière.

Même dans la vie courante, les vêtements que l'on porte correspondent à certaines activités, et donc aussi à certaines dispositions d'esprit. Celui qui porte un habit de fête révèle non seulement qu'il va assister à une fête, mais aussi qu'il est dans l'état d'esprit de la fête. De même que les vêtements de deuil, de travail, ou de sport, etc., supposent qu'on se trouve aussi dans un état d'esprit correspondant. Donc, le Seigneur invite tout le monde à sa table, même ceux dont on peut considérer qu'ils n'en sont pas tellement dignes, mais, au moins pendant un moment ils doivent faire l'effort d'entrer en harmonie avec les entités lumineuses qui participent au festin divin. C'est cela, porter « l'habit de noces ».

Le Seigneur nous attend à sa table, Il nous a tous invités, mais pour être acceptés nous devons quand même remplir certaines conditions, comme dans les réceptions de la terre. Imaginez qu'un roi vous invite à un grand repas qu'il donne dans son palais : si vous vous présentez sale, hirsute et en guenilles, il y aura à la porte des gardiens ou des sentinelles qui vous diront : « Non, ce n'est pas possible, vous ne pouvez pas entrer. – Mais j'ai été invité ! – D'accord, mais êtes-vous conscient que c'est ici le palais royal ? Vous ne pouvez pas pénétrer dans cette tenue. » Il ne suffit pas d'être invité, il faut se présenter dans une tenue convenable. C'est une idée analogue qui est exprimée dans la parabole évangélique des cinq vierges sages et des cinq vierges folles. Seules les vierges sages, qui avaient de l'huile dans leur lampe, furent acceptées par l'époux au festin des noces.[3] Cette huile qui donne la clarté a des affinités avec l'aura, ce vêtement de lumière grâce auquel nous sommes admis dans la société céleste.[4]

Pour entrer dans les palais du Seigneur, c'est donc un vêtement intérieur que nous devons porter, une aura pure et lumineuse, et même, pourquoi pas ? des bijoux : colliers, bracelets, diadèmes, etc., car les pierres précieuses et les perles sont des symboles des vertus divines. Il ne faut jamais perdre de vue le sens symbolique de tous ces objets : vêtements de cérémonie, bijoux, etc., car ils ne sont pas uniquement des parures destinées à donner une meilleure apparence à ceux qui les portent. C'est pourquoi on les trouve mentionnés dans la Bible et tous les Livres sacrés.

Si vous avez du temps, faites vous-même des colliers. Enfilez des perles de la couleur et de la forme qui vous plaisent. Et le nombre ?... Ce peut être un nombre symbolique : 22, 36, 72, 108, 144, etc. Mais ce n'est pas l'essentiel. L'essentiel, c'est que vous compreniez que faire un collier est un acte rempli de sens : le fil, c'est votre pensée qui doit joindre entre elles les puissantes entités représentées par les perles ; quant à l'aiguille, c'est votre volonté qui entraîne la pensée. Et quand vous mettez un collier, qu'il soit fait ou non par vous, soyez conscient que vous portez un objet rempli d'une signification spirituelle.

Contrairement à ce que la plupart des religions continuent à affirmer, Dieu n'est jamais dérangé par les faiblesses et les fautes des humains. Le sommet où Il se trouve est comme une très haute tour où ni leurs bruits ni leurs désordres ne peuvent L'atteindre. Tout ce qui est obscur, impur, désharmonieux, est rejeté, pulvérisé. Pour nous, cette haute tour inaccessible aux bruits, aux désordres, aux souffrances de la terre se trouve dans le corps causal.[5] Lorsque nous parvenons au sommet, nous rejoignons Dieu en nous. Mais cette fusion ne peut se faire qu'après un long travail, d'immenses efforts.

C'est rare, mais il peut aussi arriver que nous soyons projetés dans le Ciel au moment où nous nous y attendons le moins. Et alors, nous participons au festin divin… Évidemment, nous souhaiterions rester là pour toujours, mais ce n'est pas possible, parce que nous n'avons pas encore réussi à nous libérer, tant de choses nous retiennent attachés au monde d'en bas ! Si le Ciel nous accorde cette grâce, c'est pour que nous ayons le pressentiment, l'intuition de cet espace de lumière où nous sommes destinés à aller vivre un jour. Ces joies soudaines que nous ressentons parfois sont l'annonce d'une libération à venir.

Quand les arbres commencent à perdre leurs feuilles à l'automne, vous savez que l'hiver approche ; et en hiver, quand les perce-neige commencent à éclore, ils vous annoncent l'arrivée du printemps. Dans votre âme aussi, comme dans la nature, apparaissent des signes avant-coureurs, et vous devez apprendre à les reconnaître et à les déchiffrer.

Notes

1. Cf. *L'alchimie spirituelle,* Œuvres complètes, t. 2, chap. VIII : « La parabole de l'ivraie et du froment ».
2. Cf. *Les splendeurs de Tiphéreth – Le soleil dans la pratique spirituelle,* Œuvres complètes, t. 10, chap. X. « Montez au-dessus des nuages ! ».

3. Cf. *Nouvelle lumière sur les Évangiles,* Coll. Izvor n° 217, chap. IX : « La parabole des cinq vierges sages et des cinq vierges folles ».
4. Cf. *Notre peau spirituelle, l'aura,* Brochure n° 309.
5. Cf. *La vie psychique : éléments et structures,* Coll. Izvor n° 222, chap. X : « Le corps causal ».

RÉFÉRENCES BIBLIQUES

TABLE DES MATIÈRES

Éditeur-Distributeur
Éditions Prosveta S.A. - Z.A. Le Capitou - B.P. 12
F - 83601 Fréjus CEDEX (France)
Tél. (33) 04 94 19 33 33 – Fax (33) 04 94 19 33 34
E-mail: international@prosveta.com
Site Internet: www.prosveta.com

Distributeurs

ALLEMAGNE
PROSVETA Verlag GmbH – Heerstrasse 55 – 78628 Rottweil
Tél. (49) 741-46551 – Fax. (49) 741-46552 – e-mail: prosveta7@aol.com

AUSTRALIE
SURYOMA LTD - P.O. Box 2218 – Bowral – N.S.W. 2576 Australie
e-mail: info@suryoma.com – Tél. (61) 2 4872 3999 – Fax. (61) 2 4872 4022

AUTRICHE
HARMONIEQUELL VERSAND – Hof 37 – A- 5302 Henndorf am Wallersee
Tél. / Fax. (43) 6214 7413 – e-mail: info@prosveta.at

BELGIQUE & LUXEMBOURG
PROSVETA BENELUX – Beeldenmakersstraat 1 – B 8000 Brugge
Tél./Fax. (32)(0)50/61 69 10 – e-mail : prosveta@skynet.be
N.V. MAKLU Somersstraat 13-15 – B-2000 Antwerpen
Tél. (32) 3/231 29 00 – Fax (32) 3/233 26 59
VANDER S.A. – Av. des Volontaires 321 – B-1150 Bruxelles
Tél. (32)(0)2 732 35 32 – Fax. (32) (0)2 732 42 74 – e-mail: g.i.a@wol.be

BULGARIE
SVETOGLED – Bd Saborny 16 A, appt 11 – 9000 Varna
e-mail: vassil100@abv.bg – Tél. / Fax. (359) 52 63 90 94

CANADA
PROSVETA Inc. – 3950, Albert Mines – Canton-de-Hatley (Qc), J0B 2C0
Tél. (819) 564-8212 – Fax. (819) 564-1823 – *in Canada,* call toll free: 1-800-854-8212
e-mail: prosveta@prosveta-canada.com / www.prosveta-canada.com

CHYPRE
THE SOLAR CIVILISATIONBOOKSHOP – BOOKBINDING
73 D Kallipoleos Avenue – Lycavitos – P. O. Box 24947, 1355 – Nicosia
e-mail: cypapach@cytanet.com.cy – Tél. / Fax. 00357-22-377503

COLOMBIE
PROSVETA – Calle 149 N° 24 B - 20 – Bogotá
Tél. (57) 1 614 88 28 – Tél. (57) 1 614 53 85 – Fax (57) 1 633 58 03
Mobile (57) 311 810 25 42 – e-mail: kalagiya@tutopia.com

CONGO
PROSVETA CONGO
29, Avenue de la Révolution – B.P. 768 – Pointe-Noire
Tél. : (242) 948156 / (242) 5531254 – Fax : (242) 948156
e-mail: prosvetacongo@yahoo.fr

CÔTE D'IVOIRE
Librairie Prosveta
25 rue Paul Langevin Zone 4C – 01 Abidjan
e-mail: prosvetafrique@yahoo.fr – Tél/Fax: (225) 21 25 42 11

ESPAGNE
ASOCIACIÓN PROSVETA ESPAÑOLA – C/ Ausias March n° 23 Ático
SP-08010 Barcelona – Tél. (34) (93) 412 31 85 – Fax. (34) (93) 318 89 01
e-mail: aprosveta@prosveta.es

ÉTATS-UNIS
PROSVETA US Dist.
PO Box 2125 – Canyon Country CA 91386
Tél. (661)252-1751 – Fax. (661) 252-9090
e-mail: prosveta-usa@earthlink.net / www.prosveta-usa.com

FRANCE – DOM TOM
Éditions Prosveta S.A. - B.P. 12 – F - 83601 Fréjus CEDEX (France)
Tél. (33) 04 94 19 33 33 – Fax (33) 04 94 19 33 34
e-mail: international@prosveta.com – www.prosveta.com

GRANDE-BRETAGNE – IRLANDE
PROSVETA – The Doves Nest, Duddleswell Uckfield – East Sussex TN 22 3JJ
Tél. (44) (01825) 712988 – Fax. (44) (01825)713386
e-mail: prosveta@pavilion.co.uk

GRÈCE
RAOMRON – D. RAGOUSSIS
3, rue A. Papamdreou – C.P. 16675 – Glifada - Athènes
Tél. / Fax. (010) 9681127 – e-mail: raomron@hol.gr

HAÏTI
PROSVETA DÉPÔT HAÏTI – Angle rue Faustin 1er et rue Bois Patate #25 bis
6110 Port-au-Prince – Haïti
Tél. (509) 245 18 65 – Tél. (509) 404 88 88 – e-mail: rbaaudant@yahoo.com

ISRAËL
Zohar, P.B. 1046, Netanya 42110 – e-mail: zohar7@012.net.il

ITALIE
PROSVETA Coop. a r.l. – Casella Postale 55 – 06068 Tavernelle (PG)
Tél. (39) 075-835 84 98 – Fax (39) 075-835 97 12 – e-mail: prosveta@tin.it

LIBAN
PROSVETA LIBAN – P.O. Box 90-995
Jdeidet-el-Metn, Beirut – Tél. (03) 448560 – e-mail: prosveta_lb@terra.net.lb

NORVÈGE
PROSVETA NORDEN – Postboks 318, N-1502 Moss
Tél. (47) 69 26 51 40 – Fax. (47) 69 26 51 08 – e-mail: prosnor@online.no

PAYS-BAS
STICHTING PROSVETA NEDERLAND
Zeestraat 50 – 2042 LC Zandvoort
Tél. (31) 33 25 345 75 – Fax. (31) 33 25 803 20 – e-mail: prosveta@worldonline.nl

PORTUGAL
EDIÇÕES PROSVETA
Rua Passos Manuel, n° 20 – 3e E, P 1150 – 260 Lisboa
Tél. (351) (21) 354 07 64 – Fax. (351) (21) 798 60 31
e-mail: prosvetapt@hotmail.com

RÉPUBLIQUE TCHÈQUE
PROSVETA – Ant. Sovy 18 – Ceské Budejovice 370 05
Tél. / Fax. (420) 38-53 10 227 – e-mail: prosveta@iol.cz

ROUMANIE
ANTAR – Str. N. Constantinescu 10
Bloc 16A - sc A - Apt. 9 – Sector 1 – 71253 Bucarest
Tél. 004021-231 28 78 – Tél. / Fax. 004021-231 37 19 – e-mail: antared@pcnet.ro

RUSSIE
EDITIONS PROSVETA
143 964 Moskovskaya oblast, g. Reutov – 4, post/box 4
Tél./ Fax. (095) 525 18 17 – Tél. (095) 795 70 74 – e-mail: prosveta@online.ru

SUISSE
PROSVETA Société Coopérative
Ch. de la Céramone 3A – CH - 1808 Les Monts-de-Corsier
Tél. (41) 21 921 92 18 – Fax. (41) 21 922 92 04
e-mail: prosveta@swissonline.ch

VENEZUELA
PROSVETA VENEZUELA C. A. – Calle Madrid
Edificio La Trinidad – Las Mercedes – Caracas D.F.
Tél. (58) 414 22 36 748 – e-mail: prosveta_venezuela@hotmail.com

Si vous ne pouvez joindre un de ces distributeurs, consultez le site internet www.prosveta.com

L'association Fraternité Blanche Universelle
a pour but l'étude et l'application de l'Enseignement
du Maître Omraam Mikhaël Aïvanhov édité et diffusé
par les Éditions Prosveta.

Pour tout renseignement sur l'Association et ses activités,
s'adresser au Secrétariat
de la Fraternité Blanche Universelle
2 rue du Belvédère de la Ronce
F – 92310 SÈVRES, FRANCE
Tel. (33) 01 45 34 08 85 – Fax (33) 01 46 23 09 26
E-mail : fbu@fbu.org – Site internet – www.fbu.org

Achevé d'imprimer en février 2006
par DUMAS-TITOULET Imprimeurs
42004 Saint-Etienne – France
N° d'impression : 43490

Dépôt légal : février 2006